Thomas
PIKETTY
Michael J.
SANDEL

DIE KÄMPFE DER ZUKUNFT

Thomas
PIKETTY

Michael J.
SANDEL

DIE KÄMPFE DER ZUKUNFT

Gleichheit und Gerechtigkeit im 21. Jahrhundert

Aus dem Englischen übersetzt
von Stefan Lorenzer

C.H.BECK

Originalausgabe: *Equality. What it means and why it matters*,
Polity Press 2025

Für die deutsche Ausgabe:

Wilhelmstraße 9, 80801 München, info@beck.de

www.chbeck.de
Umschlaggestaltung: Kunst oder Reklame, München
Fotos Umschlagrückseite: Michael J. Sandel (links):
David Paul Morris/Bloomberg via Getty Images
Thomas Piketty: Matthieu Alexandre/AFP via Getty Images
Satz: Fotosatz Amann, Memmingen
Druck und Bindung: GGP Media GmbH, Pößneck
Printed in Germany
ISBN 978 3 406 83247 5

myclimate shape our future
MIX Papier | Fördert gute Waldnutzung FSC® C014496 www.fsc.org

verantwortungsbewusst produziert
www.chbeck.de/nachhaltig
produktsicherheit.beck.de

Inhalt

1 Weshalb muss uns Ungleichheit Sorgen bereiten? 7

2 Sollte Geld weniger wichtig sein? 19

3 Die moralischen Grenzen des Marktes 33

4 Globalisierung und Populismus 49

5 Meritokratie 67

6 Lotterien: Sollten sie bei der Hochschulzulassung und der Bestellung von Abgeordneten eine Rolle spielen? 81

7 Besteuerung, Solidarität, Gemeinschaft 99

8 Grenzen, Migration, Klimawandel 113

9 Die Zukunft der Linken: Identität und Wirtschaft 137

1

Weshalb muss uns Ungleichheit Sorgen bereiten?

Michael Sandel

Thomas, vielen Dank für die Einladung zu diesem Gespräch über Gleichheit an der Paris School of Economics. Um zu erkunden, was Gleichheit bedeutet, kann man mit der Frage beginnen, weshalb Ungleichheit eine so wichtige Rolle spielt. Ihre Forschungen haben uns allen eindringlich vor Augen geführt, wie groß die Einkommens- und Vermögensungleichheiten sind. Lassen Sie uns mit diesen Ungleichheiten beginnen. Sie haben gezeigt, dass in Europa die reichsten 10 Prozent mehr als ein Drittel allen Einkommens und mehr als die Hälfte allen Vermögens auf sich vereinen. Und in den USA sind die Ungleichheiten noch größer. Viele von uns finden das besorgniserregend, aber warum genau ist es ein Problem?

Thomas Piketty

Ich freue mich, dass wir Gelegenheit zu dieser Diskussion haben. Lassen Sie mich zunächst festhalten, dass ich im Hinblick auf Gleichheit und Ungleichheit optimistisch bin. Das habe ich in *Eine kurze Geschichte der Gleichheit,* meinem letzten Buch, betont: So groß die Ungleichheit auf der ganzen Welt, in Europa wie den USA, in Indien wie Brasilien heute ist, langfristig hat es eine Tendenz zu mehr Gleichheit gegeben. Woraus entspringt diese Tendenz? Sie entspringt, und darin steckt zugleich eine Antwort auf Ihre Frage, der sozialen Mobilisierung und einer starken, unüberhörbaren politischen Forderung nach Gleichheit der Rechte beim Zugang zu dem, was wir als Grundgüter begreifen. Dazu zählen Bildung, Gesundheit, Wahlrecht und, ganz allgemein, möglichst umfassende Teilhabe an verschiedenen Formen sozialen, kulturellen, wirtschaftlichen, bürgerlichen und politischen Lebens. Sie haben in Ihren eigenen Arbeiten unterstrichen, wie wichtig demokratische Teilhabe und Selbstverwaltung sind. Ich denke, dieses Bedürfnis nach demokratischer Teilhabe und Selbstverwaltung hat auch die langfristige Tendenz zu mehr Gleichheit angetrieben.

Nun gab es diese Tendenz nicht immer. Sie ist sicher nichts, was seit Urzeiten da war, sondern setzt vor allem gegen Ende des 18. Jahrhunderts mit der Französischen Revolution und der Aufhebung der Adelsprivilegien ein, teilweise auch mit der Amerikanischen Revolution. Mit der Abschaffung der Sklaverei, dem Aufkommen der Arbeiterbewegungen, dem allgemeinen Wahlrecht für Männer und schließlich für Frauen setzt sie sich im 19. Jahrhundert fort. Und diese Tendenz hält mit dem Aufbau der sozialen Sicherungssysteme, der progressiven Steuer und der Dekolonisierung auch im 20. Jahrhundert an. Selbst in den letzten Jahrzehnten ist sie nicht abgerissen. Wir sprechen oft über die mit den 1980er Jahren anbrechende neoliberale Ära als Ära wachsender Ungleichheit. In manchen Hinsichten trifft dies auch zu. Aber in anderen Ungleichheitsdimensionen, etwa der Geschlechter- und «Rassen»-ungleichheit, zum Teil auch der Ungleichheit zwischen Nord und Süd hat die langfristige Tendenz zu mehr Gleichheit sich behauptet. Und ich bin davon überzeugt, dass sie sich auch in Zukunft fortsetzen wird. Weshalb? Weil seit dem Anbruch der Moderne auch das demokratische Bewusstsein gewachsen ist, der Anspruch auf gleichen Zugang zu Grundgütern, auf Teilhabe, auf Würde in jeder Form. Und das ist, auch für die monetären Dimensionen von Ungleichheit, die eigentliche Antriebskraft.

Um mit Ihrer spezifisch auf Einkommens- und Vermögensungleichheit bezogenen Frage zu schließen: So korrekt die von Ihnen genannten Zahlen zum hohen Ungleichheitsniveau von heute sind, vor 100 Jahren waren sie schlimmer. Und vor 200 Jahren waren sie noch schlimmer. Es hat den langfristigen Fortschritt also gegeben. Einfach vom Himmel gefallen ist dieser Fortschritt noch nie. Er hat stets große politische Kämpfe und soziale Mobilisierungen erfordert. Und das wird in Zukunft nicht anders sein. Die gute Nachricht ist, dass diese Kämpfe sich gewinnen lassen und in der Vergangenheit schon gewonnen worden sind. Vielleicht ist ihre Erforschung einer der besten Wege, uns auf die nächsten Schritte vorzubereiten.

______Michael Sandel

Wenn ich Sie recht verstehe, haben Sie gerade drei Gründe dafür genannt, dass Ungleichheit ein Problem ist. Der erste betrifft den Zugang zu Grundgütern. Der zweite die politische Gleichheit: Stimmrecht, Macht, Teilhabe. Und schließlich haben Sie beiläufig einen dritten Grund erwähnt: Würde. Ich würde gern sehen, ob wir diese drei Gründe, aus denen es auf Gleichheit und Ungleichheit entscheidend ankommt, voneinander abheben können.

Nehmen wir, ganz hypothetisch, einmal an, wir hätten die gleiche Einkommens- und Vermögensungleichheit, die wir heute haben, aber irgendwie würde es uns gelingen, den politischen Prozess von dieser ökonomischen Ungleichheit abzukoppeln. Stellen wir uns vor, wir könnten eine öffentliche Finanzierung von Wahlkämpfen ohne private Wahlkampfspenden auf die Beine stellen. Stellen wir uns vor, wir könnten den Lobbyismus so einhegen, dass Schluss mit dem unverhältnismäßigen Einfluss mächtiger Unternehmen und reicher Individuen auf die Politik wäre. Stellen wir uns vor, wir könnten politische Mitsprache und Teilhabe von den Effekten der Einkommens- und Vermögensungleichheit ablösen. Stellen wir uns vor, wir könnten den Zugang zu Grundgütern – Gesundheit, Bildung, Unterkunft, Ernährung, Verkehr – durch einen großzügigeren Wohlfahrtsstaat gewährleisten. Stellen wir uns also vor, das erste Problem, Zugang zu Grundgütern, und das zweite Problem, Zugang zu Teilhabe und politischer Mitsprache, wären gelöst, die Einkommens- und Vermögensungleichheiten aber blieben unverändert. Gäbe es dann immer noch ein Problem?

Thomas Piketty

Ja, ich denke, es gäbe immer noch ein Problem, das insbesondere die Grundwürde und die mit Ungleichheit einhergehenden menschlichen Beziehungen und Verhältnisse beträfe. Ein monetäres Gefälle ist nie bloß ein monetäres Gefälle. Es lässt sich von einem sozialen Gefälle nicht trennen. Natürlich zählt der Einfluss von Unternehmen auf Politik und Medien zu den sichtbarsten Auswirkungen des Geldes auf die öffentliche Sphäre. Und es ist schwer vorstellbar, wie wir bei der Einkommens- und Vermögenshierarchie, die wir heute haben, dieses Problem in den Griff bekommen sollten. Aber, um Ihr Gedankenexperiment ernst zu nehmen, selbst für den hypothetischen Fall, dass wir es könnten, gäbe es immer noch eine gewaltige Ungleichverteilung der Kaufkraft, also der Macht, die Zeit anderer zu kaufen. Wenn ich mit meinem Stundeneinkommen Ihr ganzes Arbeitsjahr kaufen kann, dann zieht in die menschlichen Beziehungen eine Art sozialer Distanz ein, die zu sehr ernsten Bedenken und Fragen Anlass gibt. Was von massiven monetären Ungleichheiten bedroht wird, sind daher die Grundfesten unserer Ideale von Demokratie und Selbstverwaltung, die nicht nur die formale Organisation politischer Wahlkämpfe und den formalen Zugang zu Nachrichten betreffen, sondern auch die eher informellen sozialen Beziehungen innerhalb lokaler Gemeinschaften, in denen Menschen interagieren und miteinander kommunizieren.

Das wichtigste politische und philosophische Argument scheint mir aber ein buchstäblich historisches zu sein: Unsere Geschichte hat gezeigt, dass wir in der Lage waren, diese Probleme durch eine gemeinsame Anstrengung anzupacken. Wir haben es geschafft, nicht allein Ungleichheit beim Zugang zu Grundgütern und politischer Teilhabe, sondern auch monetäre Einkommens- und Vermögensungleichheit stark abzubauen. Trotz wachsender Ungleichheit in den letzten Jahrzehnten ist heute, und das gilt weniger, aber doch auch für die USA, das Einkommensgefälle zwischen den obersten 10 Prozent oder den obersten 1 Prozent und den unteren 50 Prozent oder 10 Prozent sehr viel geringer als vor hundert Jahren.

Wir haben uns also langfristig auf mehr Gleichheit zubewegt. Und das ging nicht nur nicht auf Kosten des Wohlstands oder anderer legitimer Ziele, die mit der Gleichheit im Gleichgewicht stehen sollten, sondern war tatsächlich ein Schlüsselmoment in der Entwicklung modernen Wohlstands. Warum? Weil der Aufbau eines inklusiveren und egalitäreren sozioökonomischen Systems, insbesondere beim Zugang zu Bildung, tatsächlich eine unabdingbare Voraussetzung des enormen Wohlstandswachstums war.

Das gilt allerdings mit zwei Einschränkungen. Erstens sollten wir, wenn wir vom Zugang zu Grundgütern sprechen, nicht vergessen, dass die Güter, die wir als grundlegend betrachten, heute nicht die gleichen wie vor hundert Jahren sind. So lautet heute eine der großen Fragen, wie wir zu einem fairen Bildungssystem kommen, unter Einschluss der Hochschulbildung – eine Frage, zu der Sie viel geschrieben haben und auf die wir später zu sprechen kommen. Fürs Erste nur so viel: Dass wir ehrgeizigere egalitäre Ziele für die Hochschulbildung gewissermaßen ad acta gelegt haben, scheint mir eine Quelle vieler unserer heutigen ökonomischen und mehr noch demokratischen Probleme zu sein.

Ein zweiter wichtiger Vorbehalt, den ich sofort anmelden möchte, ist die internationale Dimension, namentlich das Nord-Süd-Gefälle. Einen großen Teil des Wohlstands, den wir heute im Norden, in Europa wie den USA genießen, verdanken wir nicht allein dem Bildungsaufschwung sowie inklusiveren Investitionen in Gesundheit und Qualifikationen – an sich eine gute Sache, eine institutionelle Win-win-Transformation. Dieser Wohlstand wurde auch durch globale Arbeitsteilung möglich. Und dahinter steckt tatsächlich eine manchmal höchst brutale Ausbeutung natürlicher, also auch menschlicher Ressourcen, die zudem mit dem Extrapreis jener Bedrohung der planetaren Nachhaltigkeit bezahlt wird, die uns immer schärfer vor Augen tritt. Für mich ist dies eindeutig die größte Einschränkung jener positiven Tendenz zu mehr

Gleichheit und Wohlstand, die voranzutreiben ich als die größte Aufgabe der Zukunft bezeichnet habe. Aber zugleich ist dies einer der Gründe, aus denen ich letztlich optimistisch bleiben möchte, da ich überzeugt bin, dass wir diese planetarische Herausforderung nur bewältigen können, wenn wir auf dem Weg zu mehr Gleichheit noch weiter gehen, als wir es uns jemals hätten träumen lassen.

2

Sollte Geld weniger wichtig sein?

______Michael Sandel

Gut. Wir haben also drei Aspekte von Gleichheit ausgemacht und zu diskutieren begonnen: Der erste ist ein ökonomischer, der zweite ein politischer, und beim dritten geht es um soziale Beziehungen, um Würde, Status, Respekt. Ich möchte kurz auf diesen dritten Aspekt zurückkommen, da er in mancher Hinsicht der herausforderndste und auch spannendste ist. Aber zunächst zu Ihren Vorschlägen zum Umgang mit diesen drei Dimensionen von Ungleichheit. Die Vorschläge beginnen mit progressiveren Steuern, einem stärkeren Ausbau des Wohlfahrtsstaats und Erbschaftssteuern, die eine Erbschaft für alle finanzieren sollen.

All diese Vorschläge sind mir sympathisch. Manche werden sagen, dass sie auf ein sozialdemokratisches Projekt hinauslaufen, wie wir es etwa ein halbes Jahrhundert schon haben, nur in einer handfesteren Version, die es gründlicher umsetzen will. Aber wenn ich Ihre Arbeiten lese, fallen mir doch ein paar Vorschläge auf, die womöglich radikaler sind und einer Neubestimmung des sozialdemokratischen Projekts jenseits jener vertrauteren Vorschläge dienen mögen. Einer von ihnen gilt der transnationalen Dimension, was mich sehr interessiert. Aber bevor wir dazu kommen: Sie schreiben über eine schrittweise Dekommodifizierung, eine Entmarktung der Wirtschaft und des sozialen Lebens. Und ich möchte Ihnen eine Frage zum Verhältnis von Dekommodifizierung und Umverteilung stellen, geht es doch dem sozialdemokratischen Standardprogramm in erster Linie um Umverteilung von Einkommen und Vermögen und damit von politischer Mitsprache.

Vielleicht kann ich Sie zu einem weiteren Gedankenexperiment bewegen. Diesmal geht es also um Umverteilung und Dekommodifizierung oder Entmarktung. Denken Sie sich zwei Weisen des Umgangs mit den erwähnten Ungleichheiten. Die eine würde Einkommen und Vermögen umverteilen, um allen vergleichbarere Kaufkraft zu geben, aber die Wirtschaft so kommodifiziert, so marktgebunden lassen, wie sie ist. Erste Lösung. Zweite Lösung: Die Einkommens- und Vermögensverteilung so zu lassen, wie sie ist, aber Wirtschaft und gesellschaftliches Leben so zu dekommodifizieren, dass Geld nicht mehr so wichtig ist. Nehmen wir etwa an, menschliche Grundgüter – Bildung, Gesundheitsversorgung, Wohnraum, politische Mitsprache, Einflussnahme, Teilhabe – ließen sich dekommodifizieren, also vom Markt abkoppeln. Nehmen wir an, wir könnten das ganze soziale Leben so weit dekommodifizieren, dass der einzige Vorteil des Reichtums darin läge, sich so etwas wie Jachten, Kaviar, Schönheitsoperationen oder andere Luxusgüter zu kaufen. Wenn Sie zwischen diesen beiden Projekten wählen könnten, zwischen radikaler Umverteilung bei gleichbleibender Kommodifizierung auf der einen Seite und radikaler Dekommodifizierung oder Entmarktung des Soziallebens bei gleichbleibender Verteilung auf der anderen Seite, für welches würden Sie sich entscheiden?

Thomas Piketty

Lassen Sie mich, bevor ich auf die Frage antworte, zunächst eines festhalten: Die Sozialdemokratie war einst ein radikales Projekt. Als zuerst in den 1930er Jahren und dann wieder nach dem Zweiten Weltkrieg die schwedischen Sozialdemokraten an die Macht kommen, oder 1945 in Großbritannien die Labour Party, sind es unter Einschluss der Minister Leute, die mit elf, zwölf oder dreizehn Jahren von der Schule gegangen sind, die da die Regierung übernehmen. Es sind ehemalige Bergarbeiter. Und sie kommen an die Macht in Ländern, die wie

Großbritannien, aber auch Schweden eine aristokratische Tradition hatten. Bis zum Ersten Weltkrieg war Schweden ein Land, in dem nur die obersten 20 Prozent der männlichen Bevölkerung wählen durften. Und innerhalb dieser 20 Prozent hatte man je nach Reichtum zwischen einer und hundert Stimmen. Bei Kommunalwahlen gab es gar keine Obergrenze, so dass in mehreren Dutzend Kommunen eine einzige Person mehr als 50 Prozent der Stimmen hielt und ein einwandfrei demokratisch legitimierter Diktator war. Das war Schweden bis zum Ersten Weltkrieg. Da kommen wir her, und es ist wichtig, sich klarzumachen, wie lang der Weg ist, den wir zurückgelegt haben. Das zeigt auch, dass nichts in Stein gemeißelt und das Gleichheits- oder Ungleichheitsniveau nicht durch unverrückbare kulturelle oder zivilisatorische Merkmale festgeschrieben ist. Die Dinge können sich durch politische Mobilisierung ändern.

Ich führe dieses Beispiel nur an, weil es mich zugleich zur Dekommodifizierung, zur Entmarktung bringt: Als die Sozialdemokraten mithilfe der Gewerkschaftsbewegung im Schweden der 1930er und 1940er Jahre an die Macht kamen, traten sie den Beweis an, dass der Staat als solcher weder pro Ungleichheit noch pro Gleichheit ist. Es kommt darauf an, wer den Staat kontrolliert, was man aus dem Staat und mit ihm macht. Den Sozialdemokraten gelang es, die Staatskapazität Schwedens in den Dienst eines ganz anderen politischen Projekts zu stellen. Die schwedischen Einkommensregister dienten jetzt dazu, je nach Einkommen und Vermögen nicht mehr Stimmrechte zu verteilen, sondern stark progressive Steuern zu erheben. So lässt sich ein System finanzieren, einschließlich eines Bildungssystems, das keiner geld- und gewinnorientierten Logik mehr gehorcht.

Das ist es, was Dekommodifizierung bedeutet und historisch bedeutet hat. Man entzieht ganze Wirtschaftssektoren der Macht des Gewinnstrebens. Die gute Nachricht lautet, dass es nicht nur funktioniert, sondern inzwischen um sehr große Wirtschaftssektoren geht. In den entwickelten Ländern machen Bildung plus Gesundheit heute fast 25 Prozent der Wirtschaft aus und damit sehr viel mehr als alle Produktionssektoren zusammen. Sie arbeiten weitgehend unabhängig von jeder Profitlogik, abseits des Shareholder-Modells. Und es läuft sehr gut. In einem Land wie den USA, in denen der Gesundheitssektor sehr viel stärker der Profitlogik unterworfen ist, müssen Sie fast 20 Prozent des BIP nur für Gesundheit aufwenden und das bei miserablen Ergebnissen, verglichen mit europäischen Ländern, in denen die fraglichen Systeme der Logik öffentlicher Dienstleistungen unterstehen. Die Dekommodifizierung hat sich also historisch bewährt. Sie war eng verknüpft mit der Umverteilung und dem Abbau der Einkommens- und Lohnhierarchie im Zuge einer Mobilisierung, die der einst durchaus radikalen Sozialdemokratie und Gewerkschaftsbewegung zu verdanken ist.

Denken Sie an Hayek, der vor dem «Weg zur Leibeigenschaft» warnte. «Es wird euch wie der Sowjetunion ergehen», prophezeite er seinen britischen und schwedischen Freunden, als sie für Labour und die Sozialdemokraten stimmten: «Ihr werdet in einer Diktatur enden». Dass der Mann, der in den 1970ern Pinochet unterstützen wird, so große Angst vor den schwedischen Sozialdemokraten und der britischen Labour Party hat, mag heute komisch wirken. Aber damals wurden diese politischen Bewegungen behandelt, als wollten Barbaren die Kontrolle über den Staat an sich reißen. Am Ende haben sie es ganz gut hinbekommen.

Das Problem ist, dass die Sozialdemokratie seit den 1980ern und vollends nach 1990 oder 2000, nach dem Fall der Sowjetunion, sich selbst als eine Art Fertigprodukt zu betrachten begann. Zumindest taten und tun dies ein paar sozialdemokratische Parteivorsitzende. Und das ist ein Fehler, denn der Wandel, den ich mir für das 21. Jahrhundert vorstelle, ist nicht weniger groß als der in den letzten hundert Jahren. Der partizipative oder demokratische Sozialismus, von dem ich in meinen Arbeiten spreche, ist ein System, das sich von unserem heutigen Wirtschaftssystem erheblich unterscheidet. Aber letztlich trennt ihn von der sozialdemokratischen Gesellschaft, die wir heute haben, nicht mehr als letztere vom Kapitalismus vor hundert Jahren. Der Wandel wäre von vergleichbarer Größenordnung.

Aber zurück zur Frage der Dekommodifizierung oder Entmarktung. Was ist wichtiger, hatten Sie gefragt, Dekommodifizierung oder der Abbau monetärer Ungleichheit? Wenn Erstere weit genug geht, wird natürlich monetäre Ungleichheit beinahe irrelevant. Nehmen wir an, die Gesellschaft wäre zu 99 Prozent dekommodifiziert. Das hieße, dass nicht nur Bildung und Gesundheitsversorgung, sondern 99 Prozent aller Güter und Dienstleistungen frei verfügbar wären. Übrig bliebe nur 1 Prozent kommodifiziertes Einkommen. Damit beliefe sich das monetäre Einkommen auf 1 Prozent des Nationaleinkommens, denn natürlich müssen unentgeltliche öffentliche Dienstleistungen, wie sie das in unseren volkswirtschaftlichen Gesamtrechnungen teilweise auch tun, zum Nationaleinkommen gezählt werden. Wenn die monetäre

Komponente 1 Prozent des Nationaleinkommens ausmacht, ist es natürlich nicht wirklich von Belang, ob Sie innerhalb dieses einen Prozents ein Einkommensgefälle von eins zu fünf oder eins zu zehn oder eins zu zwanzig haben. Für Ihre teure Schönheitsoperation wird tatsächlich innerhalb dieses einen Prozents gar kein Platz mehr sein, weil kaum noch Kaufkraft übrig ist. Aber gleichwohl sollten wir das eine tun und das andere nicht lassen, weil es das ist, was sich historisch bewährt hat, und der kommodifizierte Anteil noch lange sehr viel größer als 1 Prozent sein wird.

Lassen Sie mich kurz auf den historischen Aufstieg des Sozialstaats eingehen. Manche ziehen den Begriff «Wohlfahrtsstaat» vor, ich spreche lieber vom «Sozialstaat», weil er Bildung, andere öffentliche Dienste, öffentliche Infrastruktur umfasst und nicht bloß soziale Sicherungssysteme im engeren Sinne. Historisch ermöglicht wurde der Aufbau des Sozialstaats durch den Aufstieg der Gewerkschaften, der Sozialversicherungen und der Sozialbeiträge, die sie finanzierten, aber auch durch Einführung stark progressiver Steuern und massiven Abbau des Lohn-, Einkommens- und Wohlstandsgefälles. Wir alle kennen die Grundlinien der Geschichte, aber vergessen oft, wie viele Länder den Aufstieg des Sozialstaats erlebt haben – nicht nur

Schweden, Deutschland, Frankreich, Großbritannien, sondern auch die USA, die über Jahrzehnte des 20. Jahrhunderts einen Spitzensatz der Einkommensteuer von 80 Prozent, 90 Prozent hatten. Von 1930 bis 1980 lag der Spitzensatz im Durchschnitt bei 82 Prozent. Den US-Kapitalismus hat das offenbar nicht ruiniert, ganz im Gegenteil, war doch die Produktivität der US-Wirtschaft, gemessen am Nationaleinkommen pro Arbeitsstunde, in diesem Zeitraum die höchste der Welt, mit großem Abstand zu anderen Ländern.

Warum war das so? Weil die USA damals, und teilweise noch im 21. Jahrhundert, das breitere Bildungsangebot hatten. Mitte des 20. Jahrhunderts war das Bildungsgefälle zwischen den USA und anderen Ländern gewaltig. In den 1950er Jahren besuchten 90 Prozent der jüngeren Generation die Highschool. In Deutschland, Frankreich und Japan waren es damals 20 Prozent oder 30 Prozent, und es sollte bis zu den 1980er Jahren dauern, bis es diesen nahezu allgemeinen Zugang zur höheren Schulbildung gab. Das ist der Schlüssel zum Wohlstand. Dass es Mitte des 20. Jahrhunderts den erwähnten Steuersatz von 80 Prozent oder 90 Prozent auf Spitzeneinkommen und sehr große Erbschaften gab, hatte am Ende keinerlei negative Auswirkungen auf irgendetwas von Belang. Diese Reduktion des Einkommens-, Vermögens- und Lohngefälles war nicht nur der progressiven Besteuerung, sondern auch den Mindestlöhnen und der stärkeren Rolle von Gewerkschaftsvertretern geschuldet, denen ich auch in Zukunft sehr viel mehr Macht in den Aufsichtsräten wünschen würde.

All das war sehr wichtig. Und es hat das Fundament für einen neuen Gesellschaftsvertrag gelegt, in dem sich der Mittelstand bereit erklärte, seinen Beitrag zum Sozialstaat zu leisten. Er wusste, dass er davon profitierte, aber er wusste auch, dass die ganz oben sehr viel mehr zahlten. Heute dagegen haben Mittelständler den starken Verdacht, und nicht nur den Verdacht, dass die Leute an der Spitze der Wohlstandspyramide keinen fairen Beitrag leisten. Also sagen sie sich: «Weshalb soll ich dann für Leute zahlen, die ärmer sind als ich?». So geht der ganze Gesellschaftsvertrag, der im 20. Jahrhundert geschlossen wurde, allmählich in die Brüche.

Entscheidend war die progressive Steuer schließlich auch, weil sie einer Regulierung der Wirtschaftsmacht diente, die entsteht, wenn zwischen den bestbezahlten Leuten im privaten Sektor einerseits, in der Regierung andererseits ein massives Lohn- oder Einkommensgefälle besteht. Wir haben vorhin darüber gesprochen, wie monetäres Gefälle sich auf Würde und soziale Regulierung auswirkt, aber es geht auch um Effizienz. Wenn man staatliche Regulierungsbehörden mit den richtigen Leuten besetzen will und ihnen zwanzigmal weniger zahlt als Google oder sonstwer, dann hat man ein Problem. Und die Lösung liegt nicht darin, ihnen zwanzigmal mehr zu zahlen. Die Lösung liegt offenbar in der Verringerung der Einkommensunterschiede. Das ist jedenfalls das, was sich historisch bewährt hat.

Ich bin vor allem Sozial- und Wirtschaftshistoriker. In meiner sozialwissenschaftlichen Arbeit schaue ich mir die Geschichte der Gleichheit an, und tatsächlich sehe ich keinen Grund, zwischen Dekommodifizierung und Umverteilung zu wählen, weil der große historische Erfolg beider darauf beruhte, dass sie Hand in Hand gingen.

3

Die moralischen Grenzen des Marktes

______Michael Sandel

Gut, lassen Sie mich da nachhaken. Ich sehe, wie beide ineinandergreifen und einander verstärken können, aber mir scheint, es gibt zwei Gründe, sich Sorgen über die exzessive Kommodifizierung gesellschaftlichen und wirtschaftlichen Lebens, also darüber zu machen, dass alles zur Ware wird. Den einen haben Sie beschrieben: Geld spielt eine größere Rolle und Menschen werden vor dem Hintergrund ökonomischer Ungleichheit vom Zugang zu Grundgütern wie Bildung, Gesundheit, politischer Mitsprache abgeschnitten. Darin liegt fraglos ein wichtiger Grund, sich über Kommodifizierung Sorgen zu machen und das soziale Leben dekommodifizieren, es stärker von der Marktlogik abkoppeln zu wollen. Aber ich frage mich, was Sie über einen möglichen zweiten Grund für eine Dekommodifizierung des gesellschaftlichen Lebens denken, bei dem es nicht um Gleichheit oder auch nur um Zugang zu menschlichen Grundgütern geht. Sondern um die Frage, ob nicht Güter in ihrer Bedeutung entwertet, korrumpiert, herabgewürdigt werden, wenn alles zum Verkauf steht, ganz unabhängig davon, ob denen, die sich diese Güter nicht leisten können, der Zugang zu ihnen verwehrt wird.

Nehmen wir zum Beispiel die Hochschulbildung. Wenn Bildung stark kommodifiziert ist, dann wirft dieser Warencharakter natürlich die Frage nach der Ungleichheit des Zugangs zu ihr auf, die wir diskutiert haben. Aber führt er nicht auch dazu, dass Studierende den Zweck der Bildung in erster Linie unter instrumentellen Gesichtspunkten betrachten – Karriere machen, mehr Geld verdienen. Und verdrängt oder unterhöhlt das nicht die Sorge um den Eigenwert des Lehrens und Lernens in der Einstellung der Studierenden und schließlich ganzer Universitäten?

Thomas Piketty

Unbedingt. Und es verdirbt auch die Lehrer. Es gibt eine ganze Reihe von Experimenten, die zeigen, dass finanzielle Anreize für Lehrer, die an die Noten ihrer Schüler oder Studierenden gekoppelt sind, zwar anfangs zu besseren Noten führen. Fragt man die Studierenden aber ein halbes Jahr später, was sie denn gelernt haben, stellt man fest, dass sie gar nichts gelernt haben, weil die Lehrer ihnen beigebracht haben, wie man gute Prüfungsnoten bekommt, nicht aber das, worauf es wirklich ankommt und was nicht nach einem halben Jahr schon wieder weg ist.

Sie haben also völlig recht, und es tut mir leid, wenn ich das nicht deutlich genug gesagt habe. Tatsächlich ist das ein Grund, ja der Hauptgrund dafür, dass Dekommodifizierung oder Entmarktung im 20. Jahrhundert vor allem im Bildungs- und Gesundheitssystem funktioniert hat – wir könnten viele andere Beispiele aus Bereichen anführen, von denen ich vermute, dass sie im 21. Jahrhundert mehr als 50 Prozent, wenn nicht 70 Prozent oder 80 Prozent unseres Wirtschaftssystems ausmachen werden. Aber wenn der Dekommodifizierungsprozess für Bildung und Gesundheit so gut funktioniert hat, dann wegen jener intrinsischen Motivation, die Leute dazu bringt, im Bildungs- und Gesundheitssystem zu arbeiten, und durch Geld- oder Gewinnorientierung tendenziell ruiniert wird.

Nehmen Sie das Gesundheitssystem in den USA, in das Sie lange Zeit viel Geld gepumpt haben. Gesundheitsvorsorge kostet 10 Prozent bis 15 Prozent des BIP, hieß es immer. Inzwischen sind es 18 Prozent, bald werden es 20 Prozent sein. Und was springt dabei für die Lebenserwartung heraus? Was zeigen die Statistiken zur Basisgesundheit? Sehr, sehr schlechte Ergebnisse. Warum stehen manche staatliche Gesundheitssysteme in Europa mit weniger Geld so viel besser da? Gut, vielleicht werden die Leute weniger gut bezahlt, vielleicht sind Ärzte in Europa mitunter nicht ganz so reich wie ihre US-amerikanischen Kollegen – aber sie machen anscheinend einen mindestens ebenso guten Job.

Ich denke, wenn alles zur Ware wird und man durch bessere Bezahlung größere finanzielle Anreize setzt, macht man viel von dem kaputt, was Leuten in ihrem Job, ihrem Leben wirklich wichtig ist. Und das ist keine Träumerei, sondern das, was sich aus den Untersuchungen ergibt. Es gab ja Versuche, überall profitorientierte Strukturen einzuführen, bei Ihnen zum Beispiel die profitorientierte Trump University. Ein Desaster. Selbst die elitärsten Hochschulen mit den teuersten Studienplätzen – Harvard etwa und andere Ivy League-Universitäten – werden nicht als Aktiengesellschaften geführt. Sie sind Nonprofit-Einrichtungen. Das heißt nicht, dass es an ihnen fair zugeht. Es gibt zahlreiche Probleme mit ihrer Zulassungspolitik, mit der Art, wie man sich einen Sitz im Vorstand von Harvard sichert, mit einer ganzen Reihe von Dingen, aber immerhin überträgt man seinen Sitz oder sein Stimmrecht nicht automatisch an seine Kinder. Zumindest sollte es so nicht laufen. Und dadurch haben Geld im Allgemeinen und private Eigentümer im Besonderen weniger Macht. Würden Universitäten als Aktiengesellschaften besser funktionieren? Ich glaube nicht, weil damit wahrscheinlich zerstört würde, was Sie oder Ihre Studierenden an Harvard, einer dem Lehren und Lernen verpflichteten Institution schätzen.

Also ja, Dekommodifizierung dient der intrinsischen Motivation, und das lässt sich auf andere Sektoren wie Kultur und Verkehr ausdehnen. Das sind meiner Ansicht nach auch die Sektoren, die in Zukunft immer wichtiger werden.

______Michael Sandel

Adam Smith schlug vor, Dozenten in Oxford nach der Zahl der Studierenden, die in ihren Vorlesungen sitzen, zu bezahlen.

Thomas Piketty______________________________

Vielleicht war er zu sehr Ökonom.

______Michael Sandel

Und Kant wurde, wenn ich mich recht entsinne, bei seiner ersten Anstellung tatsächlich nach der Zahl der Studierenden in seinen Vorlesungen bezahlt.

Ja, Geld hat in der Vergangenheit eine große Rolle in der Bildung gespielt. Wenn ich heute über Legacy Students in den USA und darüber nachdenke, dass Kinder von Alumni oder Spendern sich einen Studienplatz kaufen können, kommt mir das Ende des chinesischen Kaiserreichs in den Sinn. Im chinesischen Kaiserreich standen Prüfungen hoch im Kurs. Und tatsächlich mussten angehende höhere Beamte sehr anspruchsvolle Aufnahmeprüfungen bestehen. Aber man konnte stattdessen auch einfach zahlen. Es gab also ein komplexes System, in dem es Sonderzugangsrechte einerseits für Kinder von Mandschu-Kriegern gab, die nicht besonders gebildet waren, aber aufgrund ihres Kriegerstatus darauf pochten, dass ihre Kinder einige der Spitzenplätze im öffentlichen Dienst bekleideten. Andererseits erreichten es sehr reiche Bürger, deren Kinder sich nicht so gut machten, wie sie hätten sollen, dass sie diesen Mangel durch Zahlungen ausgleichen durften.

Das alles ist also nicht neu. Und ich bin mir sicher, dass die Leute dies anders als Adam Smith weniger durch angebliche Motivationsschübe für Dozenten als dadurch rechtfertigten, dass man kein Geld für die eigene Institution einwerben könne, wenn man das ablehne. Wie heute in den USA. Die

Kontroverse hat also eine lange Geschichte. Ich behaupte nicht, die einschlägigen Argumente seien zwangsläufig falsch oder nicht überzeugend. Manche müssen wir durchaus ernst nehmen. Aber eine kritische Untersuchung solcher Vorgänge wird wohl zu dem Schluss kommen, dass egalitäre Dekommodifizierung ein großer Erfolg war.

______Michael Sandel

Weshalb wollte ich sehen, ob Sie diesem zweiten Argument für eine Dekommodifizierung des gesellschaftlichen Lebens zustimmen, das nicht unmittelbar auf Gleichheit, sondern darauf hinauswill, dass die Bedeutung von Gütern und sozialen Praktiken korrumpiert wird? Es gibt einen Grund, aus dem mir dieses Argument radikaler zu sein scheint als das gängige sozialdemokratische Projekt, zumindest aber eine deutliche Abkehr von ihm ist und vielleicht auch der Art widerspricht, in der Mainstream-Ökonomen über Wirtschaft denken. Dieser Grund liegt darin, dass es uns zwingt, darüber nachzudenken und zu debattieren, wie wir Güter richtig bewerten. Ökonomen, viele Mainstream-Ökonomen jedenfalls, betrachten die faktischen Bewertungsmodi und Präferenzen, die Konsumenten an das Wirtschaftsleben herantragen, als selbstverständlich und fragen nur danach, wie ihre

Bedürfnisse sich unter bestimmten Verteilungsgesichtspunkten befriedigen lassen. Aber das Korruptionsargument, wenn ich es so nennen darf, würde uns eine Diskussion darüber abverlangen, wie wir Gesundheit, Bildung, kulturelle Aktivitäten angemessen bewerten. Und dazu bräuchte es eine politische Debatte darüber, ob bestimmte Wertungsweisen ihrerseits höher zu bewerten sind als andere. Es würde den ökonomischen wie den öffentlichen Diskurs urteilsfreudiger machen, als es vielen Sozialdemokraten und vollends vielen Libertären lieb wäre. Wäre ein wertenderer öffentlicher Diskurs etwas, das Sie begrüßen, oder würden Sie sich dagegen eher wehren?

Thomas Piketty

Oh ja, das würde ich sehr begrüßen. Lassen Sie mich vorausschicken, dass ich mich gar nicht so sehr als Ökonomen begreife. Ich betrachte meine Arbeit eher als die eines Sozial- und Wirtschaftshistorikers, als etwas an der Schnittstelle zwischen sozioökonomischer Geschichte und politischer Ökonomie in dem alten Sinne, der ihre ganze moralische und politische Bedeutung anerkennt.

Lassen Sie mich auch unterstreichen, dass Wertung selber schon ein politischer Prozess ist. Die Vorstellung, man könne die Frage des Werts dem

Markt, dem Gesetz von Angebot und Nachfrage überlassen, ist nicht bloß intellektuell unbefriedigend. So laufen die Dinge auch gar nicht. Die Volkswirtschaftlichen Gesamtrechnungen mit ihrer Konzentration auf das BIP sind zweifellos unzulänglich, und es trifft auch zu, dass wir nicht genug über Ungleichheit reden und, um das Mindeste zu sagen, in den Volkswirtschaftlichen Gesamtrechnungen die Bewohnbarkeit des Planeten nicht genug berücksichtigen. Aber selbst in diesem unvollkommenen System gibt es bereits eine Menge politischer Wertung insofern, als der Wert der kostenlos zur Verfügung gestellten Gesundheit und Bildung durch die Produktionskosten bestimmt wird. Das heißt technisch gesprochen, dass die Löhne und der Input, die wir als notwendig für die Produktion von Bildung und Gesundheit betrachten, deren Wert in den volkswirtschaftlichen Gesamtrechnungen definieren. Diese Bewertung ergibt sich nicht aus einem durch Angebot und Nachfrage bestimmten Marktgeschehen. Sie ergibt sich aus einem politischen Diskussions- und Entscheidungsprozess, in dem wir diese Dinge kollektiv durch Parlamente, durch Haushaltsorgane, durch politische Verfahren beschließen, die sicher nicht perfekt sind, aber außerhalb der Marktsphäre liegen und tatsächlich darüber entscheiden, wie viel wir Ärztinnen in einem staatlichen Krankenhaus oder Lehrenden in einer staatlichen Schule zahlen. Und das ist dann der Wert von Erziehung und Bildung, wie er im Nationaleinkommen und BIP ausgewiesen wird.

Die politische Dimension der Bewertung ist also schon da. Vielleicht macht diese Komponente heute 25 oder 30 Prozent der im Nationaleinkommen verbuchten und auf diese Weise berechneten Wertschöpfung aus. In Zukunft könnten es aber 50, 60, 70, 80 Prozent sein. Also ja, zur Dekommodifizierung gehört die politische Bewertung, das, was Sie wertende Beurteilung genannt haben.

Um auf die Sozialdemokratie zurückzukommen – ist das ein Fertigprodukt? Müssen wir nur auf dem schon eingeschlagenen Weg ein Stück weitergehen? Oder brauchen wir etwas Radikaleres? Ich möchte noch einmal betonen, dass die Sozialdemokratie historisch, als die Labour Party 1945 in Großbritannien an die Macht kam, ein radikales Projekt war. Das gilt auf seine Art selbst von Roosevelt, obwohl die politische Tradition in den USA eine andere ist. Und es gilt von der Schwedischen Sozialdemokratie wie von jenen Französischen Sozialisten und Kommunisten, die das Sozialversicherungssystem und den öffentlichen Dienst einführten, als sie 1945 die Regierung übernahmen. Es war ein radikales Projekt, das dann zum Mainstream wurde, weil es erfolgreich war. Heute stehen wir vor der gleichen Herausforderung. Um sie zu meistern, müssen wir uns mit mehreren großen Defiziten der sozialdemokratischen Tradition des 20. Jahrhunderts auseinandersetzen.

Das erste ist die Tatsache, dass wir den Ausbau des Bildungs- und Gesundheitssystems gestoppt haben. Wir müssen in dieser Richtung weitergehen. Aber wenn dann wirklich eine ganze Generation in den Genuss höherer Bildung kommt, muss man über die Quantität der ins Bildungssystem fließenden Mittel nachdenken. Ab einem bestimmten Punkt macht der quantitative Unterschied einen qualitativen Unterschied. Und man muss sich überlegen, wie faire Zulassungsverfahren aussehen könnten. Die ganze Organisation dieses riesigen gesellschaftlichen Sektors muss überdacht werden. Das Problem ist, dass wir alles auf dem Stand der 1980er und 1990er eingefroren haben. Wenn wir uns die öffentlichen Mittel anschauen, die in die Bildung fließen, so sind sie zwischen 1910 und 1990 um das Zehnfache gestiegen, von weniger als 0,5 Prozent des Nationaleinkommens um 1910 auf 5 Prozent oder 6 Prozent seit 1990. Aber seither stagnieren die Mittel in Europa wie den USA praktisch auf diesem Level, während zugleich der Anteil einer Generation, der die Hochschule besucht, enorm gestiegen ist. In den 1980ern lagen wir bei höchstens 20 Prozent, 30 Prozent einer Generation. Heute sind es 50 Prozent, 60 Prozent oder sogar 70 Prozent, etwa in Südkorea. Wenn Sie solche Zuwächse mit stagnierenden Mitteln verwalten, dann haben Sie ein paar Elitehochschulen, an denen die Studierenden in den Genuss sehr hoher Mittel kommen, aber insgesamt ein System, in dem den meisten, die an staatliche Hochschulen oder, in den USA, an Community Colleges gehen, die nötigen Mittel fehlen.

Das ist die erste große Unzulänglichkeit des bisherigen sozialdemokratischen Projekts. Die zweite ist die mangelnde Teilhabe, nicht allein an politischen Debatten und am politischen Leben überhaupt, sondern auch an der Entscheidungsfindung in Unternehmen. Es ist eine entscheidende Komponente dessen, was ich partizipativen Sozialismus nenne, dass mindestens 50 Prozent der Stimmrechte in Unternehmen auch dann an Arbeitnehmervertreter gehen, wenn sie keine Kapitalanteile haben. Zudem sollten die anderen 50 Prozent, die an Aktionäre gehen, dahingehend streng reguliert werden, dass in großen Unternehmen ein einzelner Aktionär über nicht mehr als vielleicht 10 Prozent der Stimmrechte verfügen sollte. Das würde den Entscheidungsprozess in Unternehmen tatsächlich auf radikale Weise demokratisieren.

Die dritte große Unzulänglichkeit der Sozialdemokratie im 20. Jahrhundert betraf die länderübergreifende Dimension. Das ist mir wirklich wichtig: Die Tatsache, dass die Wohlfahrtsstaaten historisch im Kontext der Nationalstaaten des Nordens entstanden sind, wobei man großzügig über die Nord-Süd-Ungleichheiten und, noch wichtiger, die Tatsache hinweggesehen hat, dass der Wohlstand des Nordens ohne den Süden nie hätte entstehen können. 1860, kurz vor dem Bürgerkrieg, stammten zwei Drittel der Baumwolle aus dem Süden der USA, aus der Plantagensklaverei. Nach Abschaffung der Sklaverei kam sie aus Ägypten. Aus Indien. Sie kam nicht aus England oder Frankreich. Ähnlich verhält es sich mit Öl und fossilen Brennstoffen im 20. Jahrhundert und heute mit der Mineraliengewinnung.

Es geht also um die globale Arbeitsteilung und die globale Ausbeutung von natürlichen Ressourcen und Arbeitskraft, die den Norden reich gemacht haben. Das ist die mit Abstand schwerwiegendste Unzulänglichkeit des sozialdemokratischen und sozialstaatlichen Kapitalismus, der im 20. Jahrhundert im Norden entstanden ist. Und das ist es, was sich in Zukunft ändern muss. Andernfalls wird die Konkurrenz, insbesondere die geopolitische Konkurrenz aus China, zu einer noch ernsthafteren Bedrohung der westlichen Modelle werden, als es im 20. Jahrhundert die sowjetische Bedrohung war.

4

Globalisierung und Populismus

Michael Sandel

Ich möchte gerne die Frage der Globalisierung weiterverfolgen, so wie sie seit den 1980ern verlaufen ist. Wir sind beide Kritiker der Hyperglobalisierung und ihres Beharrens auf grenzübergreifenden Kapitalflüssen und Freihandelsabkommen, die Teil des neoliberalen Globalisierungsprojekts waren. Leute wie wir kritisieren gerne den ungezügelten, unregulierten grenzübergreifenden Kapital-, Waren- und Güterverkehr, neigen aber dazu, großzügigere Immigrationspolitiken, also grenzübergreifende Menschenströme zu befürworten. Auf der rechten Seite des Zentrums wiederum kritisiert man gern steigende Migrationszahlen, befürwortet und fördert aber den freien Kapital- und Warenfluss. Welche Seite verstrickt sich in Widersprüche?

Thomas Piketty

Ihre Frage ruft mir Ihr 1996 veröffentlichtes Buch *Das Unbehagen in der Demokratie* in Erinnerung, das ich neulich in der Neuausgabe des Originals von 2022 wieder gelesen habe. Ich habe eine Frage zu diesem Buch und möchte darum Ihre Frage, die mir sehr gefällt, einmal umkehren. Lassen Sie mich Ihre Ausführungen, wie ich sie verstehe, kurz zusammenfassen. Im Vorwort und vor allem im Nachwort zur Neuauflage machen Sie sehr deutlich, wie massiv die exzessive Globalisierung, der Freihandel und die Finanzialisierung, die tatsächlich von Mitte-links-Regierungen unterstützt wurden, aber auch der Siegeszug der meritokratischen Ideologie, zu dem ich Sie auch befragen wollte, zur Schwächung der Demokratie und dazu beigetragen haben, dass die Republikanische Partei und namentlich Donald Trump die Demokraten mehr und mehr als eine Partei darstellen konnten, von der die Marktgewinner begünstigt werden.

Historisch betrachtet war die Demokratische Partei wie die europäischen Sozialdemokraten und Arbeiterparteien eine Partei, die für die Arbeiterklasse und untere Mittelschicht eintrat und wenig Stimmen an der Spitze der Einkommens- und Vermögensverteilung holte. Inzwischen verhält es sich umgekehrt. Ich glaube, statt Trump und die Republikaner anzuprangern, was keine große Kunst ist, wären die Demokraten in den USA und vergleichbare Parteien in Europa gut beraten, sich mit ihren eigenen Defiziten auseinanderzusetzen. Was mich in der Neuausgabe von *Democracy's Discontent* wirklich sehr überzeugt hat, ist Ihr Nachweis, dass sowohl in der Amtszeit Clintons, von 1992 bis 2000, als auch in der Obamas, von 2008 bis 2016, also in zwei sehr langen, achtjährigen Amtszeiten demokratischer Präsidenten, Regierungen am Ruder waren, die Reagans in den 1980ern vollzogene neoliberale Wende abgesegnet haben. Nicht zuletzt dadurch, dass die demokratischen Administrationen, wie Sie vielleicht weniger betonen als ich, die von Reagan in den 1980er Jahren begonnene Demontage der progressiven Steuer fortgesetzt haben. Clinton und Obama haben nicht wirklich versucht, dagegen etwas zu unternehmen. Und beide Regierungen haben, um näher am Thema zu bleiben, große Schritte in Richtung Globalisierung und Freihandel unternommen: Clinton mit dem NAFTA-Abkommen, der Gründung der WTO und Chinas Eintritt in die WTO gleich nach dem Ende seiner Präsidentschaft, und Obama mit dem Pacific Trade Agreement, das 2016, gegen Ende seiner Amtszeit, sowohl von Bernie Sanders als auch von Trump abgelehnt wurde und nie wirklich in Kraft trat.

Sie fragen mich, ob wir den Handel, das Kapital, die Arbeit stärker kontrollieren sollten. Ich denke, man sollte schon etwas kontrollieren, und wenn man die Kapitalflüsse nicht kontrolliert, dann bekommt man es eben mit den nativistischen und nationalistischen Alternativen zu tun, wie sie von Trump oder den Brexiteers im Vereinigten Königreich propagiert werden. «Schluss mit dem unkontrollierten Zustrom von Arbeitskräften» sagen sie. Letztlich lautet meine Antwort, dass wir sehr viel stärker die Kapital- und Handelsströme kontrollieren sollten. Was den Strom der Arbeitskräfte anbelangt, braucht es natürlich Regeln. Wie bezahlt man die Ausbildung der Menschen, die kommen, wie ihre Unterkunft? All das muss sorgfältig erwogen werden. Wenn Menschen mit ihren Familien kommen, ist das schließlich etwas anderes als bloßer Warenverkehr. Man muss auf die sozialen Bedingungen der Integration achten und sicherstellen, dass die Voraussetzungen stimmen. Aber letztlich ist dies eine Herausforderung, die sich bewältigen lässt, wenn wir die Kapital- und Handelsströme kontrollieren.

Darum denke ich, wir sollten die verschiedenen Antworten auf die Exzesse der Globalisierung sehr sorgfältig auseinanderhalten. Da ist einerseits die nationalistische, nativistische, migrantenfeindliche Antwort – wie wir sie bei Trump sehen oder in meiner Heimat bei Le Pen etc. Aber da ist auch das, was Bernie Sanders in den USA vertreten hat, und was ich die demokratische sozialistische Antwort nennen möchte.

Eine Frage, die ich Ihnen nach der Lektüre Ihrer Arbeiten stellen wollte – und vielleicht sind wir uns da nicht ganz einig –, betrifft Ihren Gebrauch des Begriffs «Populismus», mit dem Sie diese zwei verschiedenen Antworten auf die Exzesse der Globalisierung beschreiben. Natürlich stellen Sie klar, dass es sich nicht um ein und dieselbe Art von Populismus handelt, aber Sie halten doch am Begriff «populistisch» fest, den ich nicht gebrauchen würde, weil ich denke, dass er nicht ungefährlich ist. Der Begriff kann Teil einer Rhetorik werden, die von Leuten bemüht wird, die selbst in der Mitte der Gesellschaft zu stehen behaupten, aber meist Gewinner des Marktgeschehens sind und ihre Gegner allesamt dadurch delegitimieren wollen, dass sie sagen: «Ob links oder rechts, das sind doch alles Populisten.» Kurzum: Der Gebrauch ein und desselben Begriffs scheint mir ein wenig riskant, aber vielleicht ist das eine französische oder europäische Perspektive und in den USA liegen die Dinge anders.

______Michael Sandel

Sie würden den Begriff also für rechtsgerichtete Populisten reservieren?

Thomas Piketty

Ich würde ihn, ehrlich gesagt, gar nicht verwenden. Ich würde von «nationalistischer Ideologie», «sozialistischer Ideologie», «liberaler Ideologie» sprechen. Ich denke, Sozialismus, Nationalismus, Liberalismus sind legitime Ideologien. Sie alle haben Argumente, die am demokratischen Tisch verhandelt werden sollten. Sie «populistisch» zu nennen, scheint mir zu oft eine Strategie, um manche dieser Gruppen zu delegitimieren. Zumindest kann der Begriff dazu genutzt werden. Ich weiß, dass Sie ihn nicht so verstanden wissen wollen, aber es gibt sehr viele, die ihn so gebrauchen. Und wie Sie selbst gesagt haben: Kapitalströme oder Ströme von Arbeitskräften einzudämmen, sind zwei ganz verschiedene Dinge. Wenn wir also alle Gegner der Globalisierung des freien Markts Populisten nennen, bringen wir einiges durcheinander.

Michael Sandel

Gut, lassen Sie mich versuchen, darauf zu antworten. Zunächst zum Gebrauch des Begriffs «Populismus». Darin mögen sich auch Differenzen im Sprachgebrauch und der Färbung zwischen den USA und Europa aussprechen, aber der Grund, aus dem ich den Begriff verwende, um auf der einen Seite Trump oder Marine Le Pen, auf der anderen

Seite jemanden wie Bernie Sanders zu beschreiben, liegt darin, dass zumindest in der amerikanischen Politiktradition der Ursprung der Begriffe «Populist» und «populistisch» in den Zusammenkünften von Industriearbeitern und Bauern im 19. Jahrhundert liegt, die den Wirtschaftseliten, typischerweise aus dem Nordosten der USA, Macht abringen wollten. Das war durchaus eine progressive Bewegung, obwohl sie damals schon von nativistischen und antisemitischen und rassistischen Elementen durchsetzt war. Beide Stränge – Eintreten für das Volk wider die Mächtigen und Nativismus – waren von allem Anfang an da. Aber die jüngsten Erfolge des rechtslastigen Populismus, des autoritären nativistischen Strangs scheinen mir ein Symptom des Versagens progressiver oder sozialdemokratischer Politik zu sein.

Thomas Piketty

Da sind wir uns einig.

Michael Sandel

Sichtbar wurde das in der Finanzkrise von 2008, als beim Regierungswechsel von George W. Bush zu Obama erst ein republikanischer, dann ein demokratischer Präsident der Wall Street aus der Patsche half. In diesem Augenblick der Krise hatte Obama die Wahl, entweder die Finanzbranche in ihrer Beziehung zur Wirtschaft neu zu strukturieren oder ihr wieder aufzuhelfen. Er entschied sich für Letzteres. Dies war ein entscheidender Moment seiner Präsidentschaft, weil es die Abkehr von jenem bürgerlichen Idealismus darstellte, den er 2008 als Kandidat nicht nur in den USA, sondern weltweit inspiriert hatte: die Hoffnung und Erwartung, dass hier eine neue Art Politik auf den Plan trat. Bei seinem Amtsantritt kurz nach der Finanzkrise berief er die gleichen Ökonomen ins Amt, die schon unter Clinton die Finanzwirtschaft dereguliert hatten. Sie sollten die Dinge in Ordnung bringen. Und was taten sie? Sie retteten die Banken und überließen den gewöhnlichen Hausbesitzer sich selbst. Das löste im gesamten politischen Spektrum große Empörung aus.

Dass der Bailout ungerecht war, hat Obama selbst eingeräumt. Er verteidigte ihn nicht im Namen der Gerechtigkeit. Es habe ihn geschmerzt, Wall Street zu retten, sagte er, aber so fest, wie Wall Street und die Hochfinanz die Wirtschaft in der Hand hatten, habe er keinen anderen Ausweg gesehen. Sein Leitgedanke sei es gewesen, die Wirtschaft zu retten, aber das habe er mit großem Bedauern getan.

Die Rettung der Wall Street auf Kosten des

Steuerzahlers warf einen Schatten auf seine Präsidentschaft. Sie machte die großen Hoffnungen auf das Wiedererstarken einer progressiven oder sozialdemokratischen Politik zunichte, die seine Kandidatur geweckt hatte. Und sie rief zwei Protestströmungen auf den Plan: Auf der einen Seite die Occupy Wall Street-Bewegung und in ihrem Gefolge die überraschend erfolgreiche Kandidatur von Bernie Sanders gegen Hillary Clinton, auf der anderen Seite die Tea Party-Bewegung und schließlich die Wahl von Donald Trump.

Die eine wie die andere dieser Strömungen entsprang dem Gefühl der Ungerechtigkeit, der Wut und Empörung darüber, dass die Wall Street gerettet und wiederaufgebaut wurde, ohne irgendjemand zur Rechenschaft zu ziehen. Und so haben in gewisser Weise die progressiven Mainstream-Politiker links der Mitte den Grundstein für den auf sie folgenden Rechtspopulismus, im Fall der USA also für Trump gelegt. Sie waren es, die ihm den Weg ebneten, und dafür tragen sie die Verantwortung.

Das bringt mich zurück zu etwas, worüber wir schon gesprochen haben, zur Anziehungskraft der Märkte und den neoliberalen Glaubenssätzen. Als Ronald Reagan und Margaret Thatcher regierten, verkündeten sie, Regieren sei das Problem, freie

Märkte die Lösung. Die Mitte-links-Politiker, die auf sie folgten, Bill Clinton in den USA, Tony Blair in Großbritannien, Gerhard Schröder in Deutschland, brachen zwar die scharfen Kanten des *Laissez-faire*-Kapitalismus der Reagan-Thatcher-Jahre. Die Fundamentalprämisse aber, den Markt-Triumphalismus wollten sie nicht in Frage stellen. Marktmechanismen sind die Hauptinstrumente, um das Gemeinwohl zu definieren und zu sichern – an diesen Glaubenssatz haben sie nicht gerührt. Als sie in den 1990ern und frühen 2000ern neoliberale Handelspolitiken und die Deregulierung des Finanzsektors betrieben, haben sie nichts anderes als dieses Programm in die Tat umgesetzt und kritiklos dem Marktglauben gehuldigt. So kam es auch nie zu einer öffentlichen Debatte darüber, wo Märkte dem Gemeinwohl dienen und wo sie nichts zu suchen haben.

Aber ich habe eine Vermutung. Ich möchte auf die Frage nach einem urteilsfreudigen, wertenderen Diskurs zurückkommen. Auf einer bestimmten Ebene sind die etablierten Mitte-links- und Mitte-rechts-Politiker dem Marktglauben verfallen, weil sie dachten, Märkte sorgen für wachsenden Wohlstand und bringen gleichzeitig Wall Street-Wahlkampfspenden ein. Aber es gibt, denke ich, noch einen tieferen Grund für den in dieser

Ära herrschenden Marktglauben, der uns noch eine Weile erhalten bleiben mag: Märkte scheinen uns demokratischen Bürgern die Möglichkeit zu bieten, uns unübersichtliche, kontroverse, konfliktgeladene Debatten darüber zu ersparen, wie wir Güter und die ganz unterschiedlichen Beiträge, die Menschen zur Wirtschaft und zum Gemeinwohl leisten, bewerten sollen. Der Marktglaube entspringt also – das ist meine Vermutung, verraten Sie mir, ob Ihnen das einleuchtet – einem bestimmten liberalen Streben nach Neutralität gegenüber substantiellen Wertvorstellungen und Konzeptionen des guten Lebens. Die Idee ist folgende: Wir leben in pluralen Gesellschaften. Wir sind uns nicht einig darüber, wie wir Güter bewerten sollen. Wir sind uns nicht einig über die Natur des guten Lebens. Idealerweise würden wir uns also gern auf neutrale Instrumente verlassen, die es uns abnehmen, explizite Entscheidungen über das zu treffen, worüber wir uneins sind. Nun sind Märkte natürlich nicht wirklich wertneutrale Instrumente. Und das wissen wir auch. Aber die irregeleitete Hoffnung, Märkte könnten uns davon entlasten, strittige Fragen zum Gemeinwohl zu erörtern und zu entscheiden, ist eine tiefe Quelle ihrer Anziehungskraft.

Thomas Piketty

Damit bin ich ganz einverstanden. Ich denke, es geht letztlich um die Angst vor der Demokratie. Die Angst vor demokratischer Entscheidungsfindung.

Michael Sandel

Ja.

Thomas Piketty

Das ist die Angst, von der ich selbst in meinem Buch *Kapital und Ideologie* gesprochen habe, die Angst davor, die Büchse der Pandora der Umverteilung, aber auch der Neubewertung unseres Tuns zu öffnen. Die Angst, nicht zu wissen, wo wir aufhören sollen. Und ja, vielleicht wissen wir wirklich nicht, wo wir aufhören sollen. Aber letztlich haben wir keine Chance, irgendetwas zu erreichen, solange wir nicht die Anstrengung der Selbstverwaltung auf uns nehmen, von der Ihre Arbeiten gezeigt haben, dass sie am Ursprung einiger der tiefsten politischen Aufbrüche nicht bloß der USA des 19. Jahrhunderts, sondern der Moderne überhaupt steht.

Lassen Sie mich noch einmal kurz auf den Begriff «populistisch» zurückkommen. Das liegt mir am Herzen, weil Sie völlig richtig gesagt haben, dass Clinton, Obama, Blair, Schröder unfähig waren, die neue neoliberale, die Globalisierung, Finanzialisierung und Meritokratie feiernde Ideologie in Frage zu stellen. Ich stimme dem völlig zu. Aber Bernie Sanders und Elizabeth Warren waren dazu durchaus fähig, indem sie ein Programm vorstellten, das ich gerne demokratischen Sozialismus nenne, weil es die progressive Besteuerung noch weiter treiben wollte als Roosevelt. Auch die Entscheidungsgewalt von Arbeitnehmern, die in den Vorständen der Unternehmen stärker vertreten sein sollten, ist eine entscheidende Komponente dieses Programms, ebenso wie eine sehr substantielle Dekommodifizierungs- oder Entmarktungsstrategie durch staatliche Universitäten und ein öffentlich finanziertes Gesundheitssystem. All das ist für mich nicht bloß Ausdruck populistischer Empörung.

Darum bin ich noch immer ein bisschen irritiert, dass Sie dieses Programm mit dem Etikett des «Populismus» versehen wollen. Ich verstehe die historische Bedeutung des Begriffs in den USA, in denen, wie Sie ausgeführt haben, mit den frühen Populisten im späten 19. Jahrhundert eine verstörende Mischung aus progressiven und nativistischen Themen auf den Plan trat. Aber ich kann wirklich nichts dergleichen bei Bernie Sanders und Elizabeth Warren erkennen. Darum bin ich irritiert.

Sie «Populisten» zu nennen, scheint mir zu sehr der Taktik in die Hände zu spielen, mit der Clintonianer und Blairianer zu Leuten auf Distanz gehen wollen, die weiter links stehen.

______Michael Sandel

Verstehe. Sie sind besorgt, dass etablierte Politiker den Begriff als Schimpfwort verwenden.

Thomas Piketty______

Ja, und letztlich sieht die Position für mich sehr viel mehr nach einem demokratischen Sozialismus oder, wenn Sie so wollen, einer Sozialdemokratie für das 21. Jahrhundert aus. Das scheint mir das, wofür Sanders und Warren stehen, genauer zu beschreiben als der Ausdruck «linkspopulistisch».

______Michael Sandel

Vielleicht geht es ja um einen Bedeutungsunterschied. Der Populismus steht nicht in erster Linie für Umverteilung, obwohl Bernie Sanders und Elizabeth Warren ihm eine egalitaristische Wendung geben. Er steht dafür, den Eliten Macht für das Volk abzuringen. Natürlich hat das mit ökonomischer Ungleichheit zu tun. Aber die populistische Strömung, soweit sie sich von einer sozialdemokratischen oder einem demokratischen Sozialismus unterscheiden lässt, steht weniger für Umverteilung als dafür, Macht zurückzufordern, dem Volk eine Stimme zu geben, den Mächtigen gegenüber für die Leute einzustehen und die Wirtschaftsmacht großer Unternehmen zu bändigen.

Thomas Piketty

Aber die Arbeitnehmervertreter in Unternehmensvorständen zu stärken, ist genau das, worum es bei der Forderung von mehr Macht geht. Und Elizabeth Warren wie Bernie Sanders haben im US-Kongress einen sehr interessanten Vorschlag für mehr Stimmrechte für Arbeitnehmer in den Vorständen auf den Tisch gelegt.

Michael Sandel

Wir sollten uns darüber nicht zu viele Gedanken machen. Es gibt eine Überschneidung. Es gibt eindeutig Gemeinsamkeiten.

Thomas Piketty

Dennoch verwenden Sie für Trump den gleichen Begriff.

Michael Sandel

Ja, ich verstehe, darum wollen Sie ihn nicht verwenden.

5

Meritokratie

Thomas Piketty

Ganz wohl ist mir noch immer nicht bei Ihrer Begriffswahl. Aber sei's drum. Lassen sie mich zur Frage der Meritokratie kommen, da ich ein großer Verehrer Ihres Buchs *Vom Ende des Gemeinwohls. Wie die Leistungsgesellschaft unsere Demokratien zerreißt* bin, das die Bedeutung dieser in den letzten Jahrzehnten aufgekommenen Quasi-Religion oder Ideologie des Verdienstes oder der Leistung hervorhebt. Neben Globalisierung und Finanzialisierung ist die Meritokratie Ihrer Analyse zufolge die dritte Säule der neoliberalen Ära. Ich denke, Sie haben Recht, ihr so großes Gewicht einzuräumen. Darum wollte ich mit Ihnen darüber und vor allem über die vielleicht wichtigste Frage sprechen: Welche Auswege gibt es? In Ihrem Buch gibt es eine Stelle, an der Sie für eine Ivy-League-Lotterie plädieren, die etwa so läuft: Angenommen, Sie haben 100 Plätze an Ivy League-Universitäten zu vergeben. Sie legen eine Qualifikationsschwelle für die Zulassung fest, so dass 1000 Bewerber mit Ergebnissen oder Noten oberhalb dieser Schwelle übrig sind. Und dann wählen Sie durch eine Lotterie die 10 Prozent aus, die einen Studienplatz erhalten.

Was mir daran gefällt, ist, dass Sie die Universitäten darin hindern möchten, einfach zu tun, was sie wollen. Wenn ich Sie recht verstehe, ist dies Teil des Versuchs, Kontrolle zurückzugewinnen, ein Beispiel für die demokratische Debatte, die Regeln für den Zugang zur Hochschulbildung oder zur Gesundheitsversorgung festlegen sollte. Beides sind Grundgüter, und wir können nicht einfach Leute in einem Gremium in Harvard beschließen lassen, was ihnen gerade einfällt. Natürlich mögen manche sagen: «Na ja, es ist schließlich ihre Universität. Sie können ja tun, was sie wollen. Das ist doch ganz normal.» Für mich klingt das so wie jemand, der sagt: «Na ja, es ist dein Geld. Wenn du es in ein Steuerparadies verschieben und keinen Cent Steuern zahlen willst, bitte. Ist schließlich dein Geld.» Nein, tut mir leid, das ist nicht dein Geld. Das stammt aus der kollektiven Arbeit von Millionen. Und ohne öffentliche Infrastruktur oder unser Rechtssystem hätte es nie verdient werden können. Du bist nicht allein auf der Welt, und du kannst nicht einfach sagen: «Ist doch mein Geld».

Liege ich richtig, wenn ich Ihren konkreten Vorschlag für eine Lotterie so interpretiere? Es könnte andere Vorschläge dieser Art geben. Dieser ist nur ein Beispiel dafür, wie man dadurch Kontrolle zurückgewinnen könnte, dass durch demokratische Entscheidungsprozesse entsprechende Regeln für Zulassungen, auch an Harvard und anderen Spitzenuniversitäten der USA, festgeschrieben werden.

______Michael Sandel

Ja, zum Teil geht es darum. Aber es geht noch um etwas anderes, dass uns zu der Frage moralischer Beurteilung, Einstellung und Anerkennung zurückbringt. Es gibt also nicht ein Problem mit der Meritokratie, sondern zwei. Bevor ich diese Probleme benenne, sollte ich voranschicken, dass Verdienste eine gute Sache sind. Wenn ich operiert werden muss, möchte ich einen verdienstvollen, hochqualifizierten Arzt. Das ist Verdienst. Wie kann Verdienst also zu einer Art Tyrannei werden? Nun, das geht auf den erwähnten Zeitraum zurück, von den 1980ern bis heute. Die Kluft zwischen Gewinnern und Verlierern hat sich vertieft, sie hat unsere Politik vergiftet und uns entzweit. Zum Teil hat diese Kluft mit den wachsenden Einkommens- und Vermögensungleichheiten zu tun, die wir besprochen haben. Aber es ist nicht nur das. Sie hat auch mit den veränderten Einstellungen zum Erfolg zu tun, die mit diesen Ungleichheiten einhergehen. Die an der Spitze gelandet sind, leben in der Überzeugung, dass ihr Erfolg ihre eigene Leistung, die Messlatte ihrer Verdienste ist und sie darum auch die Belohnung verdient haben, die der Markt ihnen beschert. Und im Umkehrschluss müssen alle, die auf der Strecke bleiben und sich schwertun, ihr Schicksal ebenfalls verdient haben. Diese Art Erfolgsdenken verdankt sich einem scheinbar verlockenden Ideal: So die Chancen gleich sind, sagt das meritokratische Prinzip, haben die Gewinner ihre Gewinne verdient.

Nun zu den zwei Problemen mit der Meritokratie. Ein offensichtliches Problem ist, dass wir den meritokratischen Prinzipien, die wir predigen, hinterherhinken. Die Chancen sind nicht wirklich gleich. Kinder armer Eltern sind in der Regel auch als Erwachsene arm. Die soziale Aufwärtsmobilität hält sich sehr in Grenzen. Und nehmen wir das Beispiel der Ivy League-Universitäten, nach dem Sie gefragt haben: Ja, sie bieten großzügige finanzielle Unterstützung: Studierende aus Familien, die weniger als 85 000 $ im Jahr verdienen, in Stanford sind es, glaube ich, 100 000 $, sind von Studiengebühren befreit und zahlen keinen Cent für Unterkunft, Verpflegung oder Bücher. Aber das ändert nichts daran, dass an diesen Universitäten mehr Studierende aus Familien im obersten Prozent der Einkommenspyramide stammen als aus allen Familien der untersten Hälfte des Landes zusammen.

Wir haben also offenkundig keine perfekte Meritokratie. Aber angenommen, wir hätten sie. Angenommen, wir könnten irgendwie wirklich faire Chancengleichheit beim Zugang zum Bildungssystem und damit auch zur Wirtschaft schaffen. Angenommen, es gelänge uns. Hätten wir dann mit unserer perfekten Meritokratie eine gerechte Gesellschaft? Ich denke nicht. Denn die Meritokratie, also auch die vollkommen verwirklichte Meritokratie, hat eine Schattenseite: Sie zersetzt das Gemeinwohl. Sie zersetzt es, weil sie die Erfolgreichen verleitet, ihren Erfolg als eigene Leistung zu betrachten, sich ihren Erfolg zu Kopf steigen zu lassen und das Glück und die Gelegenheiten, die sie vorangebracht haben, ebenso zu vergessen wie die von Ihnen beschriebene Tatsache, dass sie in der Schuld all derer stehen, die ihnen ihre Siege ermöglicht haben.

Michael Young, der den Begriff «Meritokratie» geprägt hat, war sich dessen bewusst. Er sah in der Meritokratie kein Ideal, sondern eine Gefahr. Die Gefahr lag darin, dass sie unter den Gewinnern, aber auch unter den Verlierern Einstellungen zum Erfolg zeitigt, die uns entzweien. Sie leistet der

Überheblichkeit der Gewinner Vorschub und der Demütigung derer, die zurückbleiben und darüber belehrt, ja vielleicht davon überzeugt werden, es sei ihre eigene Schuld, wenn sie auf der Strecke bleiben und sich schwertun. Das wirft ein Licht darauf, wie unsere Gesellschaft sich in den letzten Jahrzehnten so polarisieren konnte. Als die Ungleichheiten sich verschärften, als Arbeitnehmer mit stagnierenden Löhnen und Arbeitsplatzverlusten zu kämpfen hatten, wurden sie von etablierten Mitte-rechts- und Mitte-links-Politikern mit ein paar wohlmeinenden Ratschlägen abgespeist: «Ihr wollt in der globalisierten Wirtschaft mithalten und Gewinner sein? Geht an die Universität. Was ihr verdient, hängt davon ab, was ihr gelernt habt. *You can make it, if you try.* Ihr könnt es schaffen, wenn ihr es nur wollt».

Was diesen Eliten entging, war die in solchen Ratschlägen mitschwingende Beleidigung: «Ihr habt kein Diplom, keinen Universitätsabschluss, ihr könnt in der New Economy nicht mithalten, aber an eurem Misserfolg seid ihr selber schuld. Hättet ihr doch getan, was wir euch geraten haben. Das Problem», sagten sie, «ist doch nicht unsere Wirtschaftspolitik. Das Problem ist, dass ihr nicht auf uns gehört und mehr aus euch gemacht habt.» Da ist es kein Wunder, dass in der arbeitenden Bevölkerung viele ohne Hochschulabschluss wütend waren. Ihre Wut richtete sich vor allem gegen die etablierten Mitte-links-Parteien, die auf die wachsende Ungleichheit mit dem reagierten, was ich «Aufstiegsrhetorik» nenne: Die Abgehängten möchten doch gefälligst an sich arbeiten und erst mal einen Abschluss machen. Das gilt von den Demokraten in den USA wie von Labour in Großbritannien und den Sozialisten in Frankreich – Parteien, die sich inzwischen mehr mit den Werten, Interessen und Aussichten der gebildeten, diplomierten, akademischen Berufsklassen identifizieren als mit denen der Arbeiterklasse, aus der einst ihre Stammwähler kamen. Kein Wunder, dass die wütende Gegenreaktion nicht auf sich warten ließ. Das zeigt, wie sehr meritokratische Erfolgsvorstellungen zum moralischen Begleitschutz der neoliberalen Globalisierung geworden sind.

Thomas Piketty

Ja, Sie haben vollkommen recht. Ich stimme jedenfalls völlig mit der Diagnose überein, dass die besondere Brutalität der heutigen Ideologie der Ungleichheit darin liegt, wie die Gewinner gefeiert und die Verlierer an den Pranger gestellt werden. Das finden Sie so in früheren Ungleichheitsregimen nicht. Natürlich konnte Ungleichheit in den vergangenen Regimen höchst brutal sein, aber es gab das Gefühl einer gewissen Komplementarität zwischen den verschiedenen sozialen Gruppen: Manche sind Adlige und Krieger, andere Arbeiter und Bauern, aber darum nicht zwangsläufig dumm. Wir brauchen eben diese verschiedenen Gruppen. Es liegt mir fern, diese vergangenen Ungleichheitsregime zu verherrlichen, aber zumindest hat damals niemand versucht zu behaupten, dass die Armen verdienen, was sie bekommen, und die Reichen verdienen, was sie bekommen. Das ist ganz offenbar eine Besonderheit des heutigen Ungleichheitsregimes. Es setzt die Leute stark unter Druck. Das Ergebnis sind handfeste Folgen für die psychische Gesundheit und zahllose Pathologien. Diesem Druck sind alle sozialen Gruppen ausgesetzt, vor allem Arme, aber auch Kinder aus gutsituierten Familien, die unter heftigem Erfolgsdruck stehen. Ich bin daher überzeugt, dass Sie in diesem Punkt völlig recht haben. Aber um auf meine Frage zurückzukommen, da ich immer nach Lösungen suche: Würden Sie eine Gesetzgebung auf Bundesebene oder vielleicht in Massachusetts befürworten, die zum Beispiel die bevorzugte Zulassung von Legacy Students, also Kindern ehemaliger Absolventen, oder Kindern von Spendern verbietet und Vergaberichtlinien für Studienplätze an der Harvard University oder anderen Ivy League-Hochschulen verabschiedet?

______Michael Sandel

Ja, natürlich. Um direkt auf Ihre Frage zu antworten: Ich denke, Harvard und andere Eliteuniversitäten sollten aufhören, Kinder ehemaliger Absolventen zu bevorzugen.

Thomas Piketty______

Aber sollten wir sie dazu zwingen oder einfach warten, bis sie es von selbst tun?

______Michael Sandel

Ich denke, damit sie es tun, sollten wir für den Anfang öffentlichen und moralischen Druck aufbauen. Und ich denke, die Erfolgschancen stehen gut, auch weil der US Supreme Court die Förderprogramme für rassifizierte Minderheiten kassiert hat. Das war ja immer so eine Art Kuhhandel. Aber jetzt, da es nicht mehr möglich ist, die «Rasse» oder Ethnizität in Rechnung zu stellen, wird es sehr schwierig für die Universitäten zu sagen: «Aber ob deine Eltern hier studiert haben, berücksichtigen wir natürlich».

Thomas Piketty

Genau das tun sie.

Michael Sandel

Nun, sie tun es, aber manche haben begonnen sich zu ändern. Johns Hopkins hat sich davon verabschiedet.

Thomas Piketty

Aber sind sie auch bereit, keine Studienplätze mehr für Kinder reicher Spender freizuhalten?

Michael Sandel

Nun, da werden wir schauen müssen. Ich denke, wir sollten darauf hinarbeiten. Ein möglicher erster Schritt auf dem Weg zu mehr Wandel durch staatliches Handeln wurde von Ted Kennedy angeregt, der selbst Harvard-Absolvent ist, aber ein Gesetz ins Spiel gebracht hat, das diese Universitäten zwingt, die Zulassungsquoten für Kinder einstiger Absolventen im Verhältnis zu den Gesamtbewerbern offenzulegen.

Thomas Piketty

Transparenz ist sicher wichtig, aber wenn ich mir das aus der Ferne, von der anderen Seite des Atlantiks aus anschaue, habe ich schon den Eindruck, dass wir ein bisschen radikaler sein sollten. Mir scheint, Universitäten sollten verpflichtet werden, für alle die gleichen Zulassungsregeln zu haben, vielleicht auch dazu, eher Bewerbern aus einkommensschwachen Haushalten als solchen mit einem spezifischen «rassischen» Hintergrund größere Chancen einzuräumen, also universale statt rassifizierte Kriterien zugrunde zu legen – und natürlich auf jede Sonderbehandlung von Kindern reicher Spender zu verzichten. Es wirkt ein bisschen verrückt, wie sehr wir uns an diesen Stand der Dinge gewöhnt haben. Ich habe das späte chinesische Kaiserreich erwähnt, das ähnliche Regelungen kannte. Am Ende wurde es durch das kommunistische China ersetzt. Also bin ich ein wenig besorgt, dass die US-Amerikaner sich mit Spielregeln abgefunden haben, die offenbar falsch sind.

______Michael Sandel

Ich stimme zu. Wir sollten sie abschaffen. Die Frage ist, wie genau wir das anstellen. Aber fest steht, dass die Universitäten gedrängt werden müssen, damit aufzuhören.

6

Lotterien:
Sollten sie bei der Hochschulzulassung und der Bestellung von Abgeordneten eine Rolle spielen?

______Michael Sandel

Ich möchte auf Ihre Frage nach der Lotterie zurückkommen. Lassen Sie mich zunächst betonen, dass es eine Lotterie unter denen ist, die gut geeignet sind für das, was ich vorschlage. Universitäten wie Harvard und Stanford haben 60 000 Bewerber jährlich und nehmen weniger als 2000. Eine große Zahl von Bewerbern ist völlig geeignet, ihre Sache gut zu machen und zur Ausbildung ihrer Mitstudierenden beizutragen. Mein Vorschlag lautet, den Zulassungsausschuss darüber befinden zu lassen, wer vielversprechend ist und wem das Studium an einer Spitzenuniversität zugutekommen wird. Und aus diesen qualifizierten Studierenden – das mögen nur die besten 25 000 oder 30 000 der 60 000 Bewerber sein – werden durch Lotterie die 2000 ausgewählt, die einen Studienplatz bekommen.

Der Hauptgrund für diesen Vorschlag ist nicht, eine größere Durchmischung von Einkommensklassen zu erreichen. Auch das ist natürlich wichtig. Es ist tatsächlich so wichtig, dass ich denke, es sollte vielleicht Förderprogramme zugunsten derer geben, die zum Beispiel als Erste in ihrer Familie an die Universität gehen oder aus einkommensschwachen Haushalten kommen. Das könnte unabhängig von der Lotterie geschehen, und ich wäre dafür. Der Hauptgrund für die Lotterie aber liegt darin, der Zulassung eine andere Bedeutung zu geben und die Einstellungen zum Gewinnen und Verlieren zu verändern, die das verrückt gewordene Zulassungssystem von heute begünstigt. Wer einen Studienplatz erhält, würde an das erinnert, was im gegenwärtigen System ohnehin gilt: Es ist eine Menge Glück im Spiel. Und genau daran würde es auch die erinnern, die keinen Studienplatz gewonnen haben. Es wäre ein erster Versuch, die Selbstüberhebung der Gewinner ebenso zu dämpfen wie das Gefühl der Niederlage und die Demoralisierung der Verlierer.

Diese Lotterie beträfe nur einen kleinen Ausschnitt des sozialen Lebens, aber man könnte ihren Einsatz auf anderen Gebieten erwägen, etwa für eine Reform der repräsentativen oder parlamentarischen Regierungsform, insbesondere in Ländern mit zwei Kammern. Man könnte eine Zwei-Kammer-Legislative so reformieren, dass es neben einem Organ aus gewählten Volksvertretern nicht ein House of Lords gäbe oder, wie im Falle des US-Senats, ein Haus, in dem kleine Bundesstaaten massiv überrepräsentiert sind, sondern eine Kammer, in der Bürger säßen, die durch Losentscheid ermittelt würden. Das geht auf eine Idee aus der griechischen Demokratie zurück. Man könnte es auch mit einer Jury vergleichen. Geschworene werden gleichfalls durch das Los berufen. Wenn Geschworene über Schuld und Unschuld befinden können, weshalb sollten sie nicht gemeinsam mit einem repräsentativen Organ über das Gemeinwohl beraten? Dies könnte auch dazu beitragen, dass Geld in Wahlkämpfen keine so erhebliche Rolle mehr spielt, und für mehr Rotation im Amt sorgen. Es wirkt zudem dem kredentialistischen Vorurteil der Examens- und Prüfungsgläubigkeit entgegen, die im meritokratischen Zeitalter grassiert. Die Mehrheit der Bürger in den Demokratien dieser Welt haben keinen Universitätsabschluss. In den Vereinigten Staaten haben etwa 38 Prozent ein vierjähriges Studium absolviert. Fast zwei Drittel haben demnach keinen Hochschulabschluss. In Großbritannien sind es etwa 70 Prozent. Aber wie viele von ihnen sitzen in den Parlamenten? Nur eine winzige Zahl, zwischen 5 Prozent und 10 Prozent. Es gibt folglich in den westlichen Demokratien sehr wenige Vertreter der Arbeiterklasse in den Parlamenten. Ist das wirklich repräsentativ? Wir nehmen es hin, und eine große Debatte darüber findet nicht statt. Wenn im Kongress oder in der Assemblée Nationale oder in anderen europäischen Parlamenten Frauen massiv unterrepräsentiert wären, gäbe es ganz sicher eine Debatte. Wir haben große Fortschritte dabei gemacht, mehr Frauen in repräsentative Regierungen und Unternehmensvorstände zu bringen. Warum nehmen wir es also klaglos, ohne jede Diskussion hin, dass Menschen ohne Hochschulabschluss im Parlament fast gar nicht vertreten sind? Eine Möglichkeit, das zu durchbrechen, wäre die Idee, zwei Organe zu haben, ein mit angemessener Begrenzung von Wahlkampfspenden gewähltes, und eines, das durch Losentscheid rotiert.

Thomas Piketty

Ich finde das sehr interessant, frage mich aber in beiden Fällen, ob es nicht noch bessere Lösungen als Lotterien gibt. Lassen Sie mich beide Themen aufgreifen, erst die Hochschulzulassung und dann die Änderung der gesellschaftlichen Zusammensetzung des Parlaments. Im Hinblick auf die Hochschulzulassung möchte ich Ihrem Vorschlag, durch Losentscheid eine Auswahl aus einem Pool geeigneter Kandidaten zu treffen, einen Vorschlag von Daniel Markovits, einem Yale-Professor, entgegenstellen, den Sie selbst in Ihrem Buch erwähnen:

«Tut, was ihr wollt, aber am Ende muss mindestens die Hälfte eurer Studierenden dem Elterneinkommen nach aus den unteren zwei Dritteln des Landes kommen. Tut, was ihr wollt, um euer Vergabesystem zu reformieren, setzt die erforderliche Punktzahl für Bewerber aus einkommensschwachen Haushalten herunter, tut, was immer ihr wollt, aber das ist die Minimalbedingung, und wenn ihr die nicht erfüllt, werdet ihr sanktioniert». Eine von Markovits ausdrücklich erwähnte Sanktion wäre es, den fraglichen Universitäten die Steuerbefreiung zu entziehen. Aber ich denke, man könnte sehr viel weiter gehen, indem man darauf beharrt, dass die Erfüllung dieser Bedingung zu ihren Pflichten bei der Regulierung des Zugangs zu einem Grundgut zählt, denn darum handelt es sich bei der Hochschulbildung.

Meine Frage zu Ihrem Lotteriesystem ist, dass es in der skizzierten Form zu keiner so dramatischen Erweiterung des sozialen Zugangs zu Harvard führen würde wie das, was Markovits vorschlägt. Sie haben Statistiken zitiert, die belegen, dass derzeit an Harvard mehr Studierende aus dem obersten 1 Prozent der Bevölkerung kommen als aus den gesamten unteren 50 Prozent. Ich denke, die Daten für Stanford oder Yale wären ähnlich. Glauben Sie, Ihr Vorschlag würde daran etwas ändern? Und wie viel, verglichen mit einem Vorschlag wie dem von Markovits, der nicht zwingend eine Lotterie erfordert, aber womöglich ehrgeiziger ist?

______Michael Sandel

Nun, ich denke, es geht um zwei Ziele. Das eine, das ich sehr befürworte, ist die Veränderung der Klassenstruktur von Eliteuniversitäten, so dass mehr Studierende aus einkommensschwachen Familien kommen. Das lässt sich entweder dadurch erreichen, die Steuerbefreiung an die Bedingung zu knüpfen, dass ein bestimmter Prozentsatz der Studierenden aus solchen Familien kommt, oder dadurch, dass die Universitäten verschiedene Fördermaßnahmen zugunsten von Studierenden aus einkommensschwachen Haushalten oder Studierenden erster Generation ergreifen. Das Ziel, die Klassenzusammensetzung zu ändern, ist als solches wichtig, um gerechteren Zugang zu gewährleisten. Dabei mag der Lotterievorschlag helfen, aber er allein würde die Zahl der unbegüterten Studierenden nicht ausreichend erhöhen. Darum brauchen Sie zwei verschiedene Mechanismen. Der Lotterievorschlag verfolgt ein zweites Ziel. Er möchte die meritokratische Hybris eindämmen, die mit der Zulassung einhergeht. Und er möchte sogar dazu beitragen, den immensen, angsterzeugenden Druck zu mildern, dem Heranwachsende durch Familien ausgesetzt sind, die sie fit für den Wettbewerb machen wollen. Es geht zum Teil auch darum, diesen Druck abzubauen, das Gefühl, an dem, was aus einem wird, sei man ganz alleine schuld. Eine Lotterie und ein Plan des von Markovits vorgeschlagenen Typs verfolgen also unterschiedliche Absichten, und ich denke, wir sollten beide Mechanismen in Betracht ziehen.

Thomas Piketty

Und wie ließe die Lotterie sich mit einem Plan wie dem von Markovits verbinden?

Michael Sandel

Da sind verschiedene Wege denkbar. Man könnte einen bestimmten Prozentsatz für Studierende aus einkommensschwachen Haushalten festsetzen und sie direkt zulassen, und dann die Lotterie durchführen. Das wäre ein Weg. Oder man führt die Lotterie durch und vergibt an diese Studierenden Extralose.

Thomas Piketty

Zu den Parlamenten habe ich die gleiche Frage: Gibt es nicht andere Mechanismen, die sich vielleicht mit Lotterien verbinden oder auch als Alternativen nutzen ließen und letztlich zu ähnlich ehrgeizigen oder ehrgeizigeren Resultaten führen könnten? Nehmen wir ein Beispiel. Angenommen, 50 Prozent der heutigen Bevölkerung haben keinen Hochschulabschluss, aber nur 5 Prozent der Kongressmitglieder stammen aus dieser Gruppe. Führt man für die zweite Kammer eine allgemeine Lotterie in der Bevölkerung durch, werden 50 Prozent der Kammer keinen Universitätsabschluss haben. Das ist eine Weise zu verbessern, was mitunter «abbildende Repräsentation» genannt wurde.

Aber es gibt einen anderen Weg. Die Vorschläge stammen von Julia Cagé, die ich gut kenne. Im Wesentlichen schlägt sie vor, alle Parteien zu verpflichten, in ihren Wahlkreisen repräsentative Kandidaten aufzustellen. Wenn die Gruppe, um die es geht, 50 Prozent der Bevölkerung ausmacht, dann müssen 50 Prozent ihrer Kandidaten dieser Gruppe angehören. Und um zu verhindern, dass Parteien diese Kandidaten nur in Wahlkreisen antreten lassen, die ohnehin nicht zu gewinnen sind, macht man ihnen klar, dass hohe Geldbußen auf sie warten, wenn am Ende weniger als 50 Prozent ihrer Parlamentsfraktion aus dieser Bevölkerungsgruppe stammen.

Dies sind keine theoretischen Spielereien unter

Sozialwissenschaftlern. Es gibt da ein kleines Land namens Indien mit 1,4 Milliarden Einwohnern und mehr Wählern als in der gesamten westlichen Welt, das seit 1950 ein System anwendet, in dem 25 Prozent der Wahlkreise zufällig ausgelost werden. Und innerhalb dieser 25 Prozent müssen alle Parteien Kandidaten aus *scheduled castes* und *scheduled tribes*, also aus der Gruppe der einstigen Unberührbaren und der Ureinwohner aufstellen, die historisch die unteren 25 Prozent der indischen Gesellschaft ausmachen. Das deckt sich nicht exakt mit dem Mechanismus, den ich beschrieben habe, aber es zeigt, dass so etwas schon gemacht wurde. Der Vorteil dieser Art Lösung gegenüber Ihrem Lotteriesystem ist, dass man die Vorzüge abbildender Repräsentation mit denen von Wahlen kombiniert. Man bestimmt nicht einfach per Los einen Arbeiter mit niedrigem formalen Bildungsgrad oder einen *blue collar worker*. Jeder, der am Ende ins Parlament kommt, muss sich als Kandidat zur Wahl stellen. Er muss im Wahlkampf und in kollektiven Debatten zeigen, wofür er steht. Warum würden Sie dem eine Lotterie vorziehen?

______Michael Sandel

Ich denke, das ist ein weiterer interessanter Vorschlag, für den ich ganz aufgeschlossen bin. Er funktioniert besser in Wahlsystemen mit Parteilisten.

Thomas Piketty

Nein, in Indien haben sie ein Wahlkreissystem. Das Wahlsystem entspricht dem in den USA und Großbritannien. Die Sache funktioniert etwa so: Angenommen, Sie haben 500 Wahlkreise. Sie wählen nach dem Zufallsprinzip 25 Prozent dieser Wahlkreise aus, und ob Sie nun die Kongresspartei, die BJP (Bharatiya Janata Party) oder die Kommunistische Partei sind, Sie können in diesen 125 Wahlkreisen aufstellen, wen Sie wollen, aber dieser Kandidat muss der *scheduled caste* oder dem *scheduled tribe* angehören. Wer immer gewinnt, es wird jemand aus dieser Gruppe sein, und im Parlament haben Sie dadurch per definitionem 25 Prozent aus der fraglichen Zielgruppe.

Michael Sandel

Das ist interessant. Ich bin offen dafür, mit den unterschiedlichsten Lösungswegen zu experimentieren. Natürlich müssten wir uns die Auswirkungen und Ergebnisse ansehen, aber ich denke, es sollte eine solidere öffentliche Debatte darüber geben, wie sich die soziale Zusammensetzung eines Parlaments, das unterschiedliche Bildungsgrade und

Klassen repräsentiert, verbessern ließe. All das sind jedenfalls sehr bedenkenswerte Vorschläge.

Thomas Piketty

Sie sprechen sich also nicht nur für Lotterien aus.

Michael Sandel

Nein, und ich bin auch nicht Experte genug, um zu beurteilen, wie diese Ideen in verschiedenen politischen Systemen funktionieren würden, aber ich denke, sie gehören auf die politische Tagesordnung.

Thomas Piketty

Eine andere wichtige Frage in dieser Diskussion über Meritokratie, die wir schon berührt haben, ist die Frage nach der Würde. Das Universitätssystem in den USA und auf der ganzen Welt ist, wie sie in Ihren Arbeiten sehr überzeugend deutlich gemacht haben, eine gigantische Sortieranlage oder Rankingmaschine für junge Menschen geworden. Das bringt viel Leid mit sich. Wie können wir aus einem solchen System aussteigen, wenn wir einmal von der erwähnten Lotterie absehen, die nicht das ganze Problem aus der Welt schaffen wird?

Michael Sandel

Nein, das stimmt. Um das Gesamtproblem in Angriff zu nehmen, müssen wir zunächst einmal die Grundlinien des politischen Diskurses verschieben. Wir sollten uns weniger darum kümmern, dass Menschen für den meritokratischen Wettbewerb gerüstet sind, und mehr darum, wie wir die Würde der Arbeit respektieren und das Leben derer verbessern können, die durch ihre Arbeit, durch die Sorge für ihre Familien, durch den Einsatz für ihre Gemeinden und Gemeinschaften einen Beitrag zur Wirtschaft und zum Gemeinwohl leisten, ob sie nun einen Hochschulabschluss haben oder nicht. Es gibt eine ganze Reihe von Vorschlägen, die diskutiert werden wollen. Rechte und Linke mögen sich nicht einig darüber sein, was die Würde der Arbeit ausmacht und wie man sich für sie einsetzen kann. Aber genau das ist es, worüber wir uns streiten sollten, statt Menschen dafür fit zu machen, andere aus dem Rennen zu werfen und die Erfolgsleiter zu erklimmen, während wir vergessen, dass die Sprossen der Leiter immer weiter auseinanderklaffen.

Eine der mächtigsten Quellen der Gegenreaktion auf die Eliten – wir haben es im Votum für Trump und ähnliche Figuren in Europa erlebt – ist das Gefühl vieler Arbeiter und anderer Bürger ohne höheren Bildungsabschluss, dass die Eliten auf sie herabsehen und ihre Arbeit nicht würdigen. Das liegt zum Teil daran, dass die etablierten Parteien, wie wir gesehen haben, gegen Ungleichheit meist nur die Beschwörung individueller Aufwärtsmobilität durch höhere Bildung aufbieten. Individuelle Aufwärtsmobilität ist aber, mit dieser Einsicht sollten wir beginnen, keine angemessene Antwort auf Ungleichheit. Und gerade die unter uns, die Figuren wie Donald Trump oder Marine Le Pen denkbar kritisch gegenüberstehen, sollten die legitime Klage von Arbeitern und Menschen ohne Universitätsabschluss über die mit Abschlüssen geschmückten Eliten ernst nehmen. Das fällt politisch nicht immer leicht, da es einfacher ist, Figuren wie Trump und die Misogynie und Xenophobie anzuprangern, an die er appelliert, als sich zu fragen, inwiefern das Mainstreamprojekt der progressiven Politik in den letzten Jahrzehnten mitverantwortlich für legitime Beschwerden von Arbeitern und Menschen ohne höheren Bildungsabschluss ist.

Nur ein Beispiel: Isabel Sawhill, Ökonomin an der Brookings Institution, hat vor einigen Jahren eine Studie über den Betrag vorgelegt, den die US-Regierung in Form von Stipendien, Darlehen und Steuervergünstigungen aufwendet, um Menschen zu einem Hochschulstudium zu verhelfen. Es waren 162 Milliarden jährlich, während sich der Betrag, den die Bundesregierung für die Förderung von Berufs- und Fachausbildungen ausgibt, auf 1 Milliarde beschränkte. 162 Milliarden gegenüber knapp über 1 Milliarde. Nun, darin spricht sich das kredentialistische, examensgläubige meritokratische Vorurteil derer aus, die für diese Politik verantwortlich zeichnen. Es ist nicht bloß ungerecht, um auf die Fragen zur Verteilungsgerechtigkeit zurückzukommen, die wir diskutiert haben, es zeugt auch von einem Mangel an Respekt für die Art von Arbeit, die von der Arbeiterklasse verrichtet wird. Verschärft wird dieser Mangel an Respekt und Anerkennung durch die völlig überzogenen Gehälter, die in der Finanzindustrie gezahlt werden. Weshalb soll ein Hedgefondsmanager 5000-mal mehr verdienen als eine Lehrerin oder eine Krankenschwester und übrigens auch eine Ärztin? Es erscheint unfair und steht zu dem von einer Krankenschwester, Lehrerin oder Ärztin geleisteten Beitrag in keinem Verhältnis. Das bringt uns zurück auf die Frage des Werts, der Wertung und Neubewertung von sozialen Beiträgen. Aber es ist über die Ungerechtigkeit hinaus auch eine Art Beleidigung und eine Kränkung. Es ist eine kollektive Kränkung und Beleidigung, die unsere Gesellschaft, zumindest implizit, denen zumutet, die arbeiten, im altvertrauten Sinne des Wortes Arbeit, ob sie nun Pflegekräfte, Elektriker oder Klempner sind. Weshalb investieren wir in ihre Bildung und Ausbildung nicht im gleichen Umfang, in dem wir dies für «höhere Berufe» tun? Warum würdigen, warum schätzen wir ihre Arbeit nicht? Soziologen haben unlängst eine Studie über unterschiedliche Vorurteile gegenüber benachteiligten Minderheiten durchgeführt. Sie gaben den Befragten, zunächst in Europa, dann in den USA, eine Liste gemeinhin benachteiligter Minderheiten. Und die Gruppe, die von den Teilnehmern mit der größten Geringschätzung bedacht wurde, waren Menschen mit niedrigem formalen Bildungsgrad.

Dieser Kredentialismus, der den Wert zertifizierter Bildungsabschlüsse idealisiert, ist gewissermaßen das letzte gesellschaftlich akzeptierte Vorurteil. Nicht, dass wir andere Formen des Vorurteils aus der Welt geschafft hätten. Das Gegenteil trifft zu. Aber dieses Vorurteil ist eines, das wir fast ungerührt und bedenkenlos hinnehmen. Darum halte ich die Würde der Arbeit für ein wichtiges Thema. Es ist wichtig für die Wiederbelebung sozialdemokratischer Politik, weil es uns vor Augen führt, dass wir es nicht nur mit dem Problem der Ungerechtigkeit zu tun haben, das sich durch Umverteilung lösen lässt. Es geht auch um den Mangel an jener Anerkennung, Würdigung, Wertschätzung, die wir denen schulden, die ohne akademische Abschlüsse einen wertvollen Beitrag zum Gemeinwohl leisten.

7

Besteuerung, Solidarität, Gemeinschaft

Thomas Piketty

Mir gefällt das Beispiel des völligen Ungleichgewichts zwischen der öffentlichen Aufmerksamkeit, die technischen Ausbildungen geschenkt wird, und all der Zeit, die zu Ehren der kleinen Gruppe aufgewendet wird, die es an Ivy League-Universitäten schafft. Mir gefällt auch, was Sie über den meritokratischen Mythos sagen: Du wirst es schaffen, wenn du dich nur anstrengst. Und kein Mensch verliert ein Wort über die große Mehrheit der Universitäten, staatlichen Colleges und Berufsschulen, die keine ausreichenden Mittel erhalten. Das ist, um es noch einmal zu unterstreichen, eine Art von Heuchelei, die bei einem sehr großen Teil der Bevölkerung sehr schlecht ankommt. Nicht nur in den USA, in denen beim Zugang zur Hochschulbildung große Ungleichheit herrscht, sondern auch in Ländern wie meinem. Frankreich hat angeblich ein staatlich finanziertes Hochschulsystem, steckt aber mitunter drei- bis viermal mehr Geld pro Kopf in Elitehochschulen als in normale Universitäten oder Fachoberschulen, die ein zweijähriges Studium nach dem Gymnasium anbieten. Das ist nicht nur ungerecht, sondern verletzt tatsächlich die Menschenwürde.

Es wird hier, auch das möchte ich betonen, keine Lösung geben, die nicht einen quantitativen Anstieg der für Hochschulbildung aufgewendeten Mittel einschließt. Wir müssen uns irgendwann darüber klar werden, dass sich der wachsende Bedarf für Gesundheitsversorgung, Krankenhäuser und Hochschulbildung schlicht und einfach nicht decken lässt, wenn man dies mit einem feststehenden Anteil des Nationaleinkommens zu tun gedenkt. Am Ende ist genau das der Widerspruch, in dem wir seit Jahrzehnten gefangen sind. Irgendwann muss man sich eingestehen, dass der in Grundgüter und öffentliche Dienste fließende Anteil am Nationaleinkommen wachsen muss. Wo das aufhören wird? Wenn Sie sich europäische Länder anschauen, so hatten sie bis zum Ersten Weltkrieg ein Steueraufkommen von weniger als 10 Prozent des Nationaleinkommens. Heute sind es 50 Prozent. Wird das auf 60 Prozent, 70 Prozent, 80 Prozent steigen müssen? Ich weiß es nicht. Aber steigen muss es.

Hätten Sie den Europäern vor 100 Jahren gesagt, die Steuereinnahmen würden auf 50 Prozent des Nationaleinkommens steigen, hätte die Antwort gelautet: «Das ist Kommunismus, der Himmel wird einstürzen, die Wirtschaft wird zusammenbrechen, die soziale Ordnung wird sich auflösen». Tatsächlich ist es aber so gekommen, und es war ein großer historischer Erfolg. Von Leuten, die im Voraus zu wissen glauben, dass diese Zahl für alle Ewigkeiten eingefroren werden muss, sollten wir uns daher auch heute nicht beeindrucken lassen. Sie wird sich faktisch auch gar nicht einfrieren lassen. Wenn wir die Gesundheitsdienste nicht durch öffentliche Mittel verbessern, werden mehr private Mittel in sie fließen – siehe USA. Es werden mehr private Mittel in Forschung investiert werden, aber bei Google, Microsoft oder wo immer. Es werden mehr Mittel für Bildung aufgewendet werden, aber an privaten Universitäten. All das wird massive Ungleichheit schaffen. Und in manchen Fällen wird tatsächlich viel von jener intrinsischen Motivation verloren gehen, über die wir gesprochen haben. Kurzum: Es wird, unter welchem Gesichtspunkt auch immer, nicht gut werden. Die Alternative ist, den Anstieg öffentlicher Mittel zu akzeptieren. Dafür wird es aber ein Commitment zu einem gerechteren Steuersystem brauchen, mit der Rückkehr zu einer hoch progressiven Besteuerung von Einkommen wie Vermögen. Dies sind Herausforderungen, die sich bewältigen lassen, aber nur unter der Voraussetzung, dass wir uns über die Größe der Herausforderung keine Illusionen machen.

Das bringt mich zu einer weiteren Frage, mit der ich Sie ein wenig herausfordern wollte. Wenn wir der Würde größere Bedeutung einräumen und mehr Menschen in der Gesellschaft das Gefühl zurückgeben möchten, dass sie in ihrer Würde anerkannt werden, werden wir das Einkommensgefälle massiv abbauen müssen. Ich sage nicht, dass wir Eins-zu-eins-Gleichheit aller Löhne haben sollten. Eins zu fünf scheint mir ausreichend. Ich könnte dazu sehr viel mehr sagen, aber das ist, kurz gefasst, meine Lesart der komparativen historischen Befunde. Andere mögen eins zu zehn sagen, aber wenn das Verhältnis von unten zu oben bei eins zu fünfzig oder eins zu hundert liegt, dann geht es nicht mehr nur um Geld. Dann geht es tatsächlich um Würde, weil das heißt, dass man die Zeit anderer Leute kaufen kann, und das hat ganz konkrete Folgen. Man nimmt einen kleinen Bruchteil seines Einkommens, und schon glaubt man anderen diktieren zu können, was sie mit ihrer Zeit anfangen. Was durch dieses immense Einkommensgefälle Schaden nimmt, ist also das ganze Gefüge sozialer Beziehungen. Ich bin davon überzeugt, dass es Höchstlöhne geben sollte, und natürlich Mindestlöhne. Aber wir müssen vor allem zu einer drastischen Steuerprogression zurückkehren. Das ist wie bei der Besteuerung von Umweltverschmutzung. Oberhalb eines bestimmten Einkommensniveaus bräuchten wir einen Steuersatz von 80 oder 90 Prozent. Den gab es in den USA ein halbes Jahrhundert lang und es hat, auch das zeigen die historischen Befunde, mit denen ich mich lange beschäftigt habe, sehr gut funktioniert.

Meine Frage lautet nun, welche Rolle Sozialwissenschaftler, aber auch Philosophen in diesem intellektuellen Gefecht spielen. Und das ist der Punkt, an dem ich Sie herausfordern möchte. Ich war immer ein wenig irritiert, wenn ich John Rawls' *Theorie der Gerechtigkeit* von 1971 gelesen habe, und ich weiß, dass Sie als Kritiker von Rawls hervorgetreten sind. Rawls schreibt sein Buch 1971, also just zur Zeit jener sehr hohen, wenn auch kurz vor dem Einbruch stehenden Steuerprogression in den USA. Auf der rechten Seite des Denkens haben Sie gleichzeitig Leute wie Hayek oder Nozick oder Milton Friedman, die sehr genau wissen, was sie wollen. Sie wollen der progressiven Steuer insgesamt den Garaus machen. Darüber sprechen sie unaufhörlich. Und in den 1980er Jahren werden sie dann den Sieg davontragen.

Nehmen Sie dagegen Rawls. Er ist in gewisser Weise für die Steuerprogression. Aber er bezieht nie eindeutig dazu Stellung. Sie können sein Buch Zeile für Zeile lesen, ohne auf eine einzige Erwähnung der Tatsache zu stoßen, dass von den 1940ern bis 1960ern der Spitzensteuersatz in den USA bei 80–90 Prozent lag. Man mag sich denken, dass er dafür ist, aber es einfach zu sagen vergisst. Und ich frage mich, ob diese mangelnde Lust auf politische Auseinandersetzung über so konkrete Fragen am Ende vielleicht gar keine so gute Sache war. Die intellektuelle Rechte kämpfte erbittert für die Abschaffung der Steuerprogression, aber die intellektuelle Linke hatte keine große Lust, sie zu verteidigen. Für mich erklärt das zum Teil, weshalb die Konservativen den Kampf gewonnen haben.

Wenn ich heute Michael Sandel lese, 40, 50 Jahre nach John Rawls, dann bemerke ich eine große Lust darauf, sich in die Auseinandersetzungen über Globalisierung einzumischen. Und was Sie in Ihrem neuen Nachwort zu *Democracy's Discontent* über die Clinton- und die Obama-Administration sagen, ist viel stärker historisch verwurzelt, als Rawls' Art zu schreiben es war. Und dennoch beziehen auch Sie zur Steuerprogression oder anderen politischen Maßnahmen weniger deutlich Stellung, als ich mir das von einem Philosophen wünschen würde. Daher die versprochene Herausforderung: Wenn wir der Arbeit mehr Würde geben möchten, müssen wir dann nicht die Einkommensunterschiede, das Lohngefälle erheblich verringern? Und brauchen wir nicht, um diesen intellektuellen Kampf zu gewinnen, die Hilfe von Philosophen wie Ihnen?

______Michael Sandel

Okay, das ist allerdings eine große Herausforderung, ob ich nun für die Philosophen überhaupt oder für mich selbst sprechen soll. Zunächst im Namen der Philosophen ein Wort der Verteidigung, der bedingten Verteidigung von John Rawls, den ich, Sie haben ganz recht, kritisiere. Ich denke, es ist durchaus möglich, mit seinem Differenzprinzip, das vorsieht, den am wenigsten Begünstigten in der Gesellschaft zu helfen, ein deutlicher progressives Steuersystem zu rechtfertigen und festzuhalten, dass seine Konzeption von Gerechtigkeit dies erfordere. Das lässt sich im Rahmen seiner eigenen Begriffe rechtfertigen. In dieser Hinsicht möchte ich ihn also verteidigen.

Ich denke, was bei Rawls fehlte, ergab sich daraus, dass er Gerechtigkeitsprinzipien auf eine Weise definieren und verteidigen wollte, die nicht von einer bestimmten Konzeption des Guten oder des guten Lebens abhängt. Mein Hauptargument dagegen war, dass es weder möglich noch wünschenswert ist, Gerechtigkeits- oder Verteilungsfragen von der Frage nach dem guten Leben und von Wertfragen zu trennen. Das war die Hauptlinie meiner Uneinigkeit mit Rawls.

Das ist auch für die gegenwärtige Diskussion über progressive Steuern nicht unwichtig. Ich bin ganz einverstanden mit Ihren Argumenten für höhere Steuerprogression. Aber ich denke auch, das Plädoyer dafür ist moralisch wie politisch darauf angewiesen, einen starken Gemeinsinn zu wecken, an ein starkes Gefühl dafür appellieren zu können, dass wir Teil eines gemeinsamen Projekts sind, dass wir füreinander Verantwortung tragen und einer in des anderen Schuld steht. Die moralischen Grundlagen progressiver Steuern scheinen mir unablösbar von diesen Fragen der Identität, Zugehörigkeit, Teilhabe, Gemeinschaft und Solidarität.

Sozialistische Politik und Philosophie haben traditionell stark auf Solidaritätskonzepte gesetzt. Rawls ging es auch, vielleicht weil er aus der amerikanischen Erfahrung heraus schrieb, um die Vereinbarkeit des Plädoyers für Umverteilung mit einer bestimmten Version des amerikanischen Individualismus. Auch das ist neben einer bestimmten Idee des Pluralismus dafür verantwortlich, dass er sein Plädoyer auf keinen partikularen Begriff von Identitäten, Absichten oder Zwecken gründen wollte, die wir miteinander teilen mögen. Ich halte das philosophisch für einen Fehler, aber ich denke zugleich, dass es politisch ein Fehler von Progressiven und Sozialdemokraten ist, für progressive Besteuerung zu plädieren, ohne sich um die moralischen Grundlagen der Gemeinschaftlichkeit oder Identität zu kümmern.

Wie können wir diese Grundlagen schaffen? Wie lässt sich Gemeinschaftlichkeit pflegen? Das ist mehr als eine bloß abstrakte Frage. Sie haben zu Recht darauf hingewiesen, Thomas, dass Wohlstand eine kollektive, keine individuelle Errungenschaft ist. Das ist entscheidend. Aber um zu erfahren, zu fühlen, zu glauben, dass wir Teil eines gemeinsamen Projekts sind, dass wir wechselseitig voneinander abhängig und füreinander verantwortlich sind, müssen wir innerhalb der Zivilgesellschaft Bedingungen und Institutionen schaffen, die uns an unsere Gemeinschaftlichkeit erinnern.

Hier also ein konkreter Vorschlag zur Umsetzung dieser Idee der Würde und gegenseitigen Anerkennung. Es ist eine der schädlichsten Auswirkungen der in den letzten Jahrzehnten gewachsenen Ungleichheiten, dass Begüterte und Menschen mit bescheidenen Mitteln zunehmend getrennte Leben führen. Wir schicken nicht nur unsere Kinder in verschiedene Schulen, wir leben und arbeiten, wir shoppen und spielen auch an verschiedenen Orten. Die Begüterten ziehen sich aus den kommunalen Zentren zurück und besuchen private Fitnessstudios. Es gibt immer weniger Einrichtungen in unserer Zivilgesellschaft, die für soziale Durchmischung sorgen, immer weniger alltägliche Anlässe, bei denen Arm und Reich sich über den Weg laufen. Wir müssen eine zivile Infrastruktur für ein geteiltes Leben aufbauen, in der Menschen einander begegnen, sei es in Krankenhäusern oder im öffentlichen Nahverkehr, in Parks oder Erholungsgebieten, in kommunalen Bibliotheken oder Sportstadien. Unverhoffte soziale Durchmischung kann Gewohnheiten, Einstellungen, Haltungen zeitigen, die uns unsere Gemeinschaftlichkeit in Erinnerung rufen. Das ist integraler Bestandteil jedes Projekts, das eine egalitärere Gesellschaft aufbauen will, noch bevor wir zu den Steuersätzen kommen, so entscheidend sie, da stimme ich völlig zu, auch sind. Wir müssen öffentliche Orte und gemeinsame Räume schaffen, die Leute aus unterschiedlichen Lebensbereichen und Gesellschaftsschichten zusammenbringen und den Sinn für wechselseitige Verantwortung und geteilte Zugehörigkeit wecken.

Das war es, denke ich, was in Rawls' Projekt philosophisch gefehlt hat. Und politisch hat es, wie mir scheint, in den progressiven und sozialdemokratischen Politiken des letzten halben Jahrhunderts gefehlt. Darum wird jede Bemühung um eine egalitärere Gesellschaft davon abhängen, die Gepflogenheiten, die Einstellungen, das Gefühl einer geteilten Lebensweise zu pflegen, die von der wachsenden Kluft zwischen den Reichen und dem Rest ausgehöhlt wurden. Das ist eine praktische Beobachtung, keine philosophische, aber sie ist an die philosophische Idee geknüpft, dass sich das Plädoyer für höhere Steuerprogression und einen robusteren Wohlfahrtsstaat nicht von einem geteilten Verständnis gemeinsamer Ziele und Zwecke trennen lässt. Was denken Sie?

Thomas Piketty

Ich bin damit völlig einverstanden, gebe aber zu bedenken, dass dies auch in der Gegenrichtung gilt. Wir können die Steuerprogression und den Abbau des Lohngefälles nicht befürworten, ohne Gemeinschaftlichkeit, geteilte Erfahrungen, zivile Werte zu betonen. Einverstanden. Aber können wir für Gemeinschaftlichkeit einstehen, ohne auf Steuerprogression zu setzen?

Michael Sandel

Nein, sie sind voneinander abhängig. Ich stimme zu. Das eine hängt vom anderen ab.

Thomas Piketty

Aber wenn Sie sagen, dass wir warten müssen …

Michael Sandel

Nicht warten. Wir müssen beides gleichzeitig in Angriff nehmen.

Thomas Piketty

Dann warte ich auf Ihr nächstes Buch!

8

Grenzen, Migration, Klimawandel

Michael Sandel

Damit stellt sich allerdings eine noch härtere Frage. Sie hat mit der transnationalen Dimension von Gleichheit und Ungleichheit zu tun, über die Sie viel geschrieben haben. Das ist eine besondere Herausforderung, wenn wir uns einig sind, dass eine egalitärere Gesellschaft auf stärkere Bindungen unter ihren Bürgern angewiesen ist. Wenn Sie recht haben und jedes Gleichheitsprojekt eine transnationale Dimension haben muss, und ich stimme dem zu, ist es dann überhaupt möglich? Was denken Sie? Wie könnte das aussehen? Ist es möglich, Formen der Verbundenheit und Zugehörigkeit jenseits des Nationalstaats zu schaffen? Einen tragfähigen Sinn für Gemeinschaftlichkeit innerhalb des Nationalstaats auszubilden, war schon schwer genug. Wie können wir föderale, transnationale Formen der Umverteilung und größeren globalen Gerechtigkeit ins Leben rufen, wenn wir zugleich die Bedeutung geteilter Identitäten als Bedingung der Teilung von Ressourcen hervorheben?

Ich stehe für einen demokratischen, föderalen, internationalistischen Sozialismus. Was ich gern hätte, ist so etwas wie die Vereinigten Staaten der Welt mit progressiver Besteuerung. Das wird sehr viel Zeit brauchen, obwohl wir zum Beispiel mit der globalen Mindeststeuer für multinationale Unternehmen oder Milliardäre Fortschritte machen, und bevor wir dahin kommen, müssen wir neue Formen des Internationalismus ins Leben rufen. Aber zunächst gibt es im Hinblick auf die progressive Steuer sehr viel mehr, was sich bereits auf der Ebene bestehender Nationalstaaten machen ließe. Wenn Sie etwa die USA nehmen, so hat die Bundesregierung eine weitreichende Staatskapazität für die Durchsetzung extrem progressiver Steuern. Dafür müssten sie die Vereinten Nationen so wenig wie Europa oder wen auch immer um Erlaubnis bitten. Das kann und sollte getan werden, und auf der Ebene der USA könnte man es unverzüglich tun.

Wenn wir einen umfassenderen Blick auf eine transnationale Demokratie und transnationale Gerechtigkeit werfen, dann scheint mir das große Problem, das Sie beim Namen genannt haben, dass die Mitte-links-Regierungen in den letzten Jahrzehnten einer weit übers Ziel hinausschießenden Religion des gänzlich unregulierten Freihandels gehuldigt haben. Zunächst haben die Staaten den Menschen das Recht eingeräumt, sich ohne jede kollektive Verpflichtung frei zwischen Ländern zu bewegen. Sie konnten und können also in den USA, Frankreich, Deutschland, wo immer es Ihnen gefällt, Reichtum akkumulieren und dazu die gesamte Infrastruktur nutzen, das Rechtssystem, die Schulen, die Krankenhäuser, die Sie und Ihre Arbeiter brauchen. Und dann steht es Ihnen frei, einen Knopf zu drücken und den ganzen Reichtum in ein anderes Land mit anderer Rechtsprechung zu transferieren, ohne dass die Regierung Ihnen folgen könnte, um Sie zu besteuern. Also sagt die Regierung ihren Bürgern: «Tut uns leid. Wir wissen auch nicht, wo der ganze Reichtum hin ist. Wir können da nichts tun». Nur dass sie selber mitgeholfen hat, dieses unglaublich ausgeklügelte Rechtssystem aufzubauen, in dem jemand einen Knopf drücken kann, um all das Geld auf Nimmerwiedersehen zu verschieben. Darin steckt eine gute Portion Heuchelei. Wir haben angefangen, ein Rechtssystem aufzubauen, das im Grunde dafür gemacht ist, dass die Reichsten sich jeder Gemeinschaftspflicht entziehen können. Und dann tun wir so, als sei das ganz natürlich.

Das ist das Schlimmste, was sie der Idee des Internationalismus antun können, ein Rezept zur Erzeugung von Hass auf den Internationalismus. Dass selbst ein Donald Trump demgegenüber gemäßigter wirken konnte, ist wirklich ein Jammer. Nehmen wir das Beispiel des NAFTA, des North American Free Trade Agreements, das Bill Clinton so vorangetrieben hat. Schließlich war es Trump, der im Wahlkampf 2016 gegen Hillary Clinton in der Sache gemäßigter erschien und tatsächlich ein Gesetz verabschiedete, das es zur Bedingung machte, dass beim Export eines Autos aus Mexiko in die USA an einem bestimmten Prozentsatz der Produktionsstandorte mehr als 20 Dollar die Stunde gezahlt werden oder ähnliche Lohnbedingungen herrschen. So, wie die Parameter festgesetzt wurden, war allerdings, um ehrlich zu sein, das ganze Gesetz völlig unverbindlich. Auf das Lohnniveau an den US-Produktionsstandorten hatte es keine großen Auswirkungen und letztlich war das Ganze nichts Handfestes, sondern nur Trumpsches Gefuchtel. Aber die schiere Tatsache, dass es eine republikanische Regierung unter Trump brauchte, um einem von den Demokraten verabschiedeten NAFTA eine soziale und lohnpolitische Komponente hinzuzufügen, spricht Bände darüber, wie sehr die Welt Kopf steht.

Das Gleiche passierte in meinem Land, als die

Sozialistische Partei die rückhaltlose Integration der europäischen Märkte und den Eintritt Chinas in die World Trade Organization befürwortete. Noch heute ist einer der besten Prädiktoren des Votums für Le Pen die Neinstimme beim Referendum über den Europäischen Verfassungsvertrag von 2005, der als Verherrlichung des Freihandels und der freien Kapitalflüsse galt. Es sind tatsächlich jene Kleinstädte vor allem im Nordosten Frankreichs, die sehr unter dem Verlust von Arbeitsplätzen nach dem Eintritt Chinas in die WTO gelitten haben, die 2005 überproportional mit Nein gestimmt hatten und heute noch für Le Pen stimmen. Ähnliche Studien für die USA zeigen, dass Trump den größten Zuspruch in den Gemeinden und Countys mit den größten Arbeitsplatzverlusten durch die chinesische Konkurrenz erfahren hat. Und es gibt eine Reihe von Schätzungen, die davon ausgehen, dass Trump ohne diese Extrastimmen 2016 nicht gewonnen hätte.

Wir müssen all diese Tatsachen ernst nehmen, um uns vor Augen zu führen, dass es nicht reicht, einfach die Rechtspopulisten mit ihren von Hillary Clinton «jämmerlich» genannten Wählern und ihren jämmerlichen Anführern zu geißeln. Ich denke, die regierenden Links- und Mitte-links-Parteien sollten die Schuld bei sich selbst suchen und sich darüber klar werden, dass sie selbst den Internationalismus und die Globalisierung so organisiert haben, dass normale Menschen sie hassen mussten.

Darüber bin ich als sozialistischer Internationalist ganz besonders verärgert. Ich denke, wir müssen einzelnen Ländern und Regierungen das Recht zugestehen, durch eigene Bedingungen festzulegen, wie sie sich durch Wirtschafts- und Finanzbeziehungen mit dem Rest der Welt zusammenschließen möchten. Nehmen wir ein ganz konkretes Beispiel. Angenommen, Sie sitzen in Frankreich und das Land möchte Unternehmensgewinne mit 30 Prozent besteuern. Es gibt andere Länder, die nach Frankreich exportieren – seien es europäische Länder wie die Niederlande oder Irland oder andere Länder wie China, Brasilien oder die USA – und Unternehmensgewinne nicht mit 30 Prozent, sondern nur mit 15 Prozent oder 10 Prozent oder 0 Prozent besteuern. Sie könnten auch eine ähnliche Asymmetrie im Hinblick auf CO_2-Steuern oder andere Umwelt- und Sozialstandards annehmen. Dann sollte Frankreich sagen: «Gut, Ihr wollt Güter und Dienstleistungen nach Frankreich exportieren, aber da gibt es ein Steuerdefizit, weil die auf französischem Boden ansässigen Hersteller 30 Prozent Unternehmenssteuer zahlen, eure aber nur 10 Prozent.» Das ist nicht der übliche Protektionismus. Der Unterschied liegt darin, dass die Handelssanktion verschwindet, sobald das andere Land seinen Steuersatz auf 30 Prozent erhöht oder den CO_2-Preis auf das gleiche Niveau anhebt. Es ist etwas ganz anderes als der normale Protektionismus, weil es ein Versuch ist, alle dazu zu bringen, höhere Standards einzuführen. Idealerweise sollte ein Teil der entsprechenden Steuereinnahmen an Entwicklungsländer im Süden gehen, um die universalistische Dimension dieser Politik zu unterstreichen. Solange aber einzelne Länder nichts dergleichen unternehmen und auf Einstimmigkeit oder die breite Koalition warten, die das Problem für sie aus der Welt schafft, wird gar nichts geschehen.

Irgendwann müssen wir wirklich die ausgetretenen Pfade verlassen und Lösungen wie diese akzeptieren. Sie mögen sagen, dass einzelne Länder sich dadurch zum Souverän aufwerfen, aber ich würde es als «universalistisches Souveränitätsprinzip» bezeichnen, das durch universale Kriterien sozialer und ökologischer Gerechtigkeit die Bedingungen festsetzt, unter denen die globale Wirtschaftsintegration nur fortgesetzt werden kann. Manche werden darüber alles andere als glücklich sein. Sie werden das Gesetz der Europäischen Union bemühen. Und das Gesetz der WTO. Sie werden sich der Sprache des Rechts bedienen und behaupten, es sei verboten, ganz wie die Konservativen es historisch so oft getan haben, um selbst dann, wenn die Mehrheit in einem Land etwas tun wollte, es ihr verbieten zu lassen. Aber letztendlich werden wir so etwas wie ein «universalistisches Souveränitätsprinzip» brauchen, wenn wir den völligen Zusammenbruch des Internationalismus verhindern wollen.

Wie sieht die Alternative aus? Ich denke, wenn wir so etwas wie die Kontrolle der Kapital- und Handelsströme nicht in Angriff nehmen, dann sieht die Alternative so aus, dass wir den Nativisten, die den Zustrom von Arbeitskräften eindämmen wollen, und denen, die auf Identität fixiert sind, das Feld überlassen. Das wird dann hässlich werden. Und die Sozial- und Umweltprobleme, die wir lösen müssen, wird es auch nicht lösen. Manche höre ich natürlich sagen: «Okay, das wird ein Desaster, aber irgendwann müssen sie ja verlieren». Nun, Trump hat 2020 verloren und jetzt ist er wieder da, um erneut zu kandidieren. Ich bin mir nicht sicher, ob wir uns auf diese Strategie allzu lange verlassen sollten. Es ist eine sehr reale Gefahr, dass die sogenannten «Progressiven» oder die, die es zu sein behaupten, mehr und mehr zu Anwälten der Globalisierungsgewinner verkommen. Und wenn die von ihnen verteidigte Realität sich einmal verfestigt hat, wird es sehr schwer, sie zu ändern.

Darum ja, der Internationalismus muss wiederaufgebaut werden, und dazu müssen 30 oder 40 Jahre alte Freihandels- und Kapitalverkehrsregeln von Grund auf in Frage gestellt werden. Meine Hoffnung ist, dass der Wandel friedlich, durch demokratische Mobilisierung vonstattengeht. Aber es kann auch sein, dass er sich erst durch enormen Druck aus dem Süden einstellt, denn das ist offenbar das große Tabuthema, dass der Siegeszug des unregulierten Freihandels und die Bereicherung des Nordens mit einer massiven Beeinträchtigung der Bewohnbarkeit des Planeten einherging, von der als Erste ebenjene Länder des Südens betroffen sind, die jetzt gedrängt werden, sich am Kampf in der Ukraine zu beteiligen und, allgemeiner, der vom Norden beschlossenen Agenda zu folgen. Nur denken sich viele Länder im Süden: «Ihr habt nur eure Gewinne im Sinn, ihr wollt euch nur bereichern und schert euch einen Dreck darum, dass ihr uns mit eurer Bereicherung großen Schaden zugefügt habt.»

Darum muss die ganze Bemühung um eine Transformation des globalen Wirtschafts-, Finanz- und Steuersystems wie der Umweltauflagen immer beidem dienen, der Aussöhnung der Menschen im Norden mit der Globalisierung und Internationalisierung, aber auch der Versöhnung von Süd und

Nord, wenn man so sagen kann, durch ein gemeinsames Projekt. Andernfalls werden wir in eine extrem konfliktgeladene Situation hineingeraten.

______Michael Sandel

Wenn ich Ihren Vorschlag recht verstehe, können souveräne Nationalstaaten, vor allem große, unilateral Maßnahmen ergreifen, um große Unternehmen daran zu hindern, in Steueroasen zu flüchten oder Kapital zu verschieben und Steuern in diesem Land zu vermeiden. Aber ein anderer Ansatz, den Sie vielleicht unrealistisch finden, wäre der Versuch, durch globale Abkommen oder transnationale Institutionen einen Mindeststeuersatz für Unternehmen festzulegen. Halten Sie das für zu schwierig?

Thomas Piketty______

Wir müssen beide Strategien zugleich verfolgen. Wir brauchen unilaterale Vorstöße der Art, die ich beschrieben habe, um den Prozess in Gang zu setzen. Und zugleich müssen wir, selbstverständlich, internationale Kooperationen eingehen. Das könnte die Form einer Mindeststeuer auf OECD-Ebene, idealerweise aber einer Besteuerung von Unternehmensgewinnen auf UN-Ebene annehmen. Ein kleiner Anfang, was die Unternehmenssteuern anbelangt, ist damit gemacht, dass die meisten Länder jüngst dem Plan der OECD für einen Mindeststeuersatz von 15 Prozent zugestimmt haben. Aber dabei gibt es zwei Hauptprobleme, die im Detail sitzen. Es gibt zahlreiche Schlupflöcher, durch die einzelne Länder den Mindeststeuersatz von 15 Prozent umgehen können. Und dieser Mindestsatz ist auf jeden Fall zu niedrig und kommt nur reichen Ländern zugute. Die armen Länder im Süden erhalten letztlich weniger als 1 Prozent der neuen Steuereinnahmen. Tatsächlich ist dies also ein Spiel zwischen den Steuerbehörden in Washington, Paris und Berlin, die einen Teil des Steueraufkommens, das jetzt in Steueroasen versickert, unter sich aufteilen und die armen Länder im Süden außen vor lassen.

Wirklich inakzeptabel ist dies aus der Perspektive der südlichen Länder, die lange gefordert haben, nicht eine OECD-, sondern eine UN-Steuerkonvention einzuführen. Der Unterschied liegt darin, dass die OECD ein Club reicher Länder ist, die natürlich darauf aus sind, die Einnahmen unter sich aufzuteilen, während den UN Länder in Subsahara-Afrika, in Südasien etc. angehören. Letztes Jahr haben alle in der UN-Generalversammlung für eine UN-Steuerkonvention gestimmt – außer Westeuropa und den USA. Dass natürlich alle BRIC-Staaten, ganz Afrika und ganz Lateinamerika für die

Resolution gestimmt haben, darüber spricht im Westen keiner. Stattdessen sprechen alle über die Ukraine, und natürlich ist das seinerseits ein sehr wichtiges Thema. Aber wir ignorieren die Frage des Vertrauens, der internationalen Gerechtigkeit und der Nord-Süd-Umverteilung.

Das ist falsch, insbesondere nach zwei Jahrhunderten einer Entwicklung des Nordens, die ohne globale Ressourcen, Rohstoffe und Arbeitskraft nicht möglich gewesen wäre. Das Beispiel der Baumwolle habe ich schon angeführt, auch das der Sklavenarbeitskraft, die von Afrika nach Nordamerika verschleppt wird und die Baumwolle produziert, die in der europäischen Fertigung verarbeitet wird, als diese die im frühen 19. Jahrhundert noch sehr starke chinesische und indische Produktion verdrängt. All das ist wohlbekannt und wurde längst beschrieben, aber wir vergessen es gerne, zum Beispiel dann, wenn wir konkrete Diskussionen über eine OECD-Steuer führen. Deshalb sage ich: Ja, wir brauchen mehr internationale Kooperation, aber wir müssen sie auf eine weniger heuchlerische Weise organisieren, die den Süden wirklich berücksichtigt.

Und wir sollten nicht naiv sein. Letztlich brauchen wir einzelne Regierungen, die tun, was sie jetzt schon tun können, und sich nicht ständig damit herausreden, dass es zunächst eine globale Koalition oder Einstimmigkeit bräuchte, auf die wir natürlich ihrerseits hinarbeiten müssen. In Europa bin ich für das, was ich Sozialföderalismus nenne. Ich habe mich für eine andere, auf die nationalen Parlamente gestützte Form des Europäischen Parlaments eingesetzt, in der ohne die Einstimmigkeitsregel, also durch Mehrheitsbeschluss eine europaweite CO_2-Steuer und Vermögenssteuer beschlossen werden könnte. Ich würde auch eine Gemeinsame Versammlung von EU und Afrikanischer Union befürworten, um eine gemeinsame Besteuerung zur Finanzierung öffentlicher Güter im Mittelmeerraum einzuführen. Kurzum: Ich bin bekennender Internationalist und Föderalist, aber ich glaube, dass wir zugleich unilaterale Strategien einzelner Länder brauchen, damit die Dinge in Gang kommen. Wir sollten nicht zwischen diesen beiden Strategien wählen müssen. Wir brauchen beide.

______Michael Sandel

Vielleicht sollten wir diskutieren, wie dieser Ansatz sich in der Debatte über die Bekämpfung des Klimawandels fruchtbar machen lässt. Bekanntlich ist es sehr schwer, Länder dazu zu bringen, sich über ihre jeweilige Verantwortung für die Reduktion von CO_2-Emissionen einig zu werden. Wann immer globale Klimakonferenzen stattfinden, kommt es zu harten Verhandlungen. Ein Mechanismus, auf dessen Einführung manche westliche Staaten und namentlich die USA in globalen Vereinbarungen gedrängt haben, sind handelbare Emissionsgutschriften oder -zertifikate. Das heißt, dass Länder einwilligen, anspruchsvollere Verpflichtungen zur Emissionssenkung einzugehen, wenn sie die fraglichen Ziele nicht nur durch Senkung eigener Emissionen, sondern auch dadurch erreichen dürfen, dass sie andere Länder für die Senkung ihrer Emissionen bezahlen und dafür Emissionsgutschriften erhalten. Was halten Sie von diesem Vorgehen?

Thomas Piketty

Das ist eine Ausflucht der USA, um ihre CO_2-Emissionen nicht reduzieren zu müssen. Ich halte das nicht nur für inakzeptabel, sondern glaube auch, dass es irgendwann in den kommenden Jahren zu einer großen Gegenreaktion aus dem Rest der Welt kommen wird. Irgendwann muss es dazu kommen. Wenn Sie sich die von den USA und Westeuropa in den letzten 200 Jahren kumulierten CO_2-Emissionen im Verhältnis zum Anteil dieser beiden Regionen an der Weltbevölkerung anschauen, dann haben Sie 60 Prozent oder 70 Prozent der kumulierten Emissionen für weniger als

20 Prozent der Bevölkerung. Rechnen Sie Russland und China dazu, kommen Sie auf 80 Prozent oder 90 Prozent der kumulierten Emissionen für weniger als 40 Prozent der Gesamtbevölkerung. Irgendwann muss das eine Gegenreaktion heraufbeschwören.

Die USA und Europa müssen ihre Kohlenstoffemissionen massiv reduzieren. Damit haben sie zwar ansatzweise begonnen, aber ausgehend von unglaublich hohen Pro-Kopf-Emissionen. Manchmal sagen die Leute: «Na ja, aber schau dir mal China an!». Richtig ist, dass Chinas Gesamtemissionen inzwischen sehr hoch sind, aber dort leben auch mehr als eine Milliarde Menschen. Das ist, als würden die Schweizer den Franzosen sagen: «Schaut mal, wie gering unsere Emissionen sind!». Ihre Bevölkerung ist aber zehnmal kleiner. Das ist also ein albernes Spiel. Wenn bevölkerungsarme Länder meinen, sie könnten die Umwelt weiter verschmutzen, weil ihre Bürger nicht so viele sind, werden wir nicht sehr weit kommen. Wir müssen auf die Pro-Kopf-Emissionen schauen. Und da ist die Wahrheit die, dass die USA für lange Jahrzehnte Pro-Kopf-Emissionen von mehr als 15 Tonnen hatten. In den europäischen Ländern waren es bis in die 1990er und 2000er Jahre mehr als 10, 12 Tonnen pro Kopf. Es sieht so aus, als könnte China sich entwickeln, ohne jemals mehr als 8, 9 Tonnen pro Kopf auszustoßen. Natürlich können Sie entgegnen, die Technologie habe sich gewandelt oder wir hätten vor fünfzig Jahren einfach noch nicht so viel gewusst. Das ist zum Teil wahr, aber letztlich haben wir uns so und nicht anders entwickelt. Auf genau diese Weise sind wir reich geworden. Wir, Sie und ich, sind nicht verantwortlich für Entscheidungen, die diese Länder vor fünfzig oder zweihundert Jahren getroffen haben. Aber wir sind verantwortlich für die Entscheidung, sie nicht zu berücksichtigen, wenn es um unsere Verantwortung heute geht.

Was also ist die Lösung? Es ist einer der großen Konflikte zwischen der nationalistischen, der sozialistischen und der liberalen Ideologie, die ich vorhin beschrieben habe, dass Nationalisten wie Trump oder Le Pen immer deutlicher sagen werden: «Ihr wollt uns statt China oder statt Indien zahlen lassen. Wir wollen aber nicht zahlen.» Wenn Sie Umverteilungen von Land zu Land wollen – die USA müssen zahlen, Frankreich muss zahlen –, dann landen Sie in einer Sackgasse, weil viele Leute in den USA, vielleicht auch in Frankreich, in Europa, sagen werden: «Also ich bin nun wahrlich nicht reich. Warum soll ich zahlen? In China gibt es eine Menge reicher Leute. Warum soll ich zahlen und die nicht?». Das kann nicht klappen. Und darum werden wir von einer territorialen Darstellung des Konflikts zu etwas übergehen müssen, das eher ein Klassenkonflikt ist, in dem wir Milliardäre und große multinationale Unternehmen zur Kasse bitten sollten, ob sie nun in den USA, in China oder in Europa sitzen. Auf dem Pariser Gipfel von 2015 haben sich die reichen Länder verpflichtet, Geld in den Klimaausgleich zu stecken, aber die Summen waren viel zu niedrig, verglichen mit dem Bedarf an Investitionen in grüne Technologien in Afrika und Südasien. Und selbst diese sehr kleinen Summen sind bislang nicht ausbezahlt worden. Ich denke, solange wir von Regierungen verlangen, diese Zahlungen aus ihrem allgemeinen Haushalt zu leisten, wird daraus nichts.

Stattdessen brauchen wir einen zielgenauen, zweckgebundenen Anteil einer globalen Steuer für die reichsten Milliardäre und multinationale Unternehmen, der direkt an Länder im Süden fließt, proportional zu ihrer Bevölkerungszahl, vielleicht auch proportional zu ihrer Gefährdung durch den Klimawandel. Über einen Mindeststeuersatz für multinationale Konzerne und Milliardäre haben wir bereits gesprochen. Ich denke, ein Anteil davon sollte direkt an jedes Land der Welt gehen, unabhängig davon, ob es dort eine Steuerbemessungsgrundlage gibt und ob Milliardäre oder multinationale Konzerne besondere Investitionen in diesem

Land getätigt haben. Denn sobald man sich die Klimaschäden und 200 Jahre Industrieentwicklung auf dem Planeten genauer ansieht, stellt man fest, dass alle Länder durch den Klimawandel betroffen sind, insbesondere im Süden.

Wir müssen zur Anerkennung eines Grundrechts auf Entwicklung, auf Selbstbestimmung zurückfinden. Und das erfordert Mindeststeuereinnahmen für Subsahara-Afrika und Südasien, um in grüne Energie, Solarenergie, Schulen und Krankenhäuser investieren zu können. Die einzige Weise, die öffentliche Meinung in den USA oder Frankreich dafür zu gewinnen, ist eine gezielte Besteuerung von hohen Vermögen, von großen Konzernen, die direkt zahlen. Andernfalls wird das nicht funktionieren. Und wenn wir nichts dergleichen tun, dann wird, noch einmal, die geopolitische Konkurrenz aus China und Russland zur Stelle sein und einen anderen, höchst fragwürdigen, an politische Einflussnahme gebundenen Finanzierungsmechanismus anbieten. Solange die westlichen Länder nichts Annehmbares anzubieten haben, wird es dazu kommen, das steht außer Frage.

______Michael Sandel

Lassen Sie mich Ihre internationalen sozialistischen Prinzipien mit einer Frage über Grenzen auf die

Probe stellen. Gibt es irgendeinen guten Grund, keine offenen Grenzen zu haben?

Thomas Piketty

Das führt, glaube ich, auf die gleiche Frage zurück. Wir haben verschiedene Regierungsebenen – in unserer Nachbarschaft, unserem Land, unserem Kontinent, der Welt. Wir müssen uns jede dieser Ebenen anschauen. Was ist der Nutzen, was sind die Kosten der Selbstverwaltung gegenüber internationaler Kooperation, und umgekehrt?

Der freie Verkehr von Menschen wird, um das zu konkretisieren, nie ohne spezifische öffentliche Güter möglich sein, die finanziert werden wollen, ob es sich nun um Bildung, Verkehr oder Umwelt handelt. So haben die Mitgliedsstaaten der Europäischen Union etwa beschlossen, dass es Studierenden freisteht, in jedes EU-Land ihrer Wahl zu gehen. Ich denke, das ist ein fantastisches Prinzip, eine der großen Errungenschaften der EU. Das einzige Problem ist, dass es keinen Plan zu einer entsprechenden Hochschulfinanzierung gab. Also kann es passieren, dass französische oder deutsche Steuerzahler das Studium von Studierenden bezahlen, die dann in andere Länder ziehen. Und Europa hat keine gemeinsame föderale Einkommenssteuer. Es ist ein sehr merkwürdiges System, denn letztlich ist es unterfinanziert. Wir sollten also eine gemeinsame Finanzierung planen. Wie wir mit dem Rest der Welt umgehen, wirft aber ähnliche Fragen auf. Was wir in den letzten Jahren in Europa eingeführt haben, sind sehr hohe Studiengebühren für außereuropäische Studierende. Derzeit zahlen an französischen Hochschulen Studierende etwa aus Norwegen oder Deutschland fast nichts. Kommen sie dagegen aus Mali oder Bangladesch, müssen sie für das Studium 5000 oder 10 000 Euro aufbringen. Ist das schon das Beste, was wir tun können? Ich bin nicht sicher. Ich hätte gern größere Freizügigkeit, durch die mehr Studierende kommen könnten. Dann bräuchte es aber zur Finanzierung irgendein internationales Steuerregime.

Das ist ein spezifisches Beispiel für ein allgemeines Problem, aber es veranschaulicht, was auch in anderen Fällen gilt. Wenn wir nur sorgfältig planen, wie wir öffentliche Dienste finanzieren, seien es Universitäten, Krankenhäuser, Wohnraum, Verkehr oder Infrastruktur, dann sehe ich keinen Grund für eine starke Einschränkung der Freizügigkeit. Natürlich ist das ein großes Wenn. Aber aus der Perspektive eines demokratischen, föderalistischen, internationalistischen Sozialismus sollten wir der Freizügigkeit und offenen Grenzen möglichst nahekommen.

Michael Sandel

Haben dann aber für den Augenblick reiche Länder ein Recht, Migranten abzuweisen, die aus armen Ländern kommen wollen?

Thomas Piketty

Was meinen Sie mit «ein Recht»? Ich denke, wir alle haben das Recht, ja die Pflicht, über ein besseres System, ein besseres institutionelles Gefüge nachzudenken. Wenn Sie mich also fragen, ob Europa heute den Migrantenströmen nach offen genug für den Rest der Welt ist, lautet meine Antwort nein. Unsere derzeitige Strategie ist zu sagen, es müssen weitere 10 000 oder 50 000 Menschen im Mittelmeer sterben, um sicherzustellen, dass keiner es mehr überqueren will. Ist das wirklich das Beste, was wir tun können? Wollen wir wirklich sagen: «Wir haben uns das gründlich überlegt. Und nach 2000 Jahren blühender Zivilisation rund um das Mittelmeer ist das die beste Lösung zur Regulierung von Menschenströmen, die wir finden konnten». Wenn Sie mich fragen, ob das die beste Lösung ist, sage ich nein, das ist nicht die beste Lösung.

Wir waren nie reicher als heute. Wir könnten es natürlich sehr viel besser machen. Aber das ist ein weiteres Beispiel für das, was wir besprochen haben: Weil wir von einer ehrgeizigeren Fortsetzung der egalitären Agenda abgelassen haben, die stärksten Wirtschaftsakteure demokratischer Kontrolle zu unterstellen und ihnen einen Beitrag zu den Gemeingütern abzuverlangen, die wir finanzieren müssen, bekommen wir es jetzt mit diesem nativistischen Diskurs zu tun, der den Migranten oder den vermeintlich zu offenen Grenzen die Schuld für unsere Probleme gibt. Tatsächlich ist, gemessen an der europäischen Bevölkerung von 500 Millionen, der fragliche Menschenstrom relativ schmal.

9

Die Zukunft der Linken: Identität und Wirtschaft

______Michael Sandel

Ich habe Sie darauf angesprochen, Thomas, weil es uns zu etwas bringt, worüber wir sprechen sollten, bevor wir zum Ende kommen: Die Zukunft der Linken. Mir scheint, eine der größten Schwachstellen der sozialdemokratischen Parteien liegt darin, dass sie es der Rechten erlaubt haben, einige der machtvollsten politischen Gefühle wie Patriotismus, Gemeinschaft und Zugehörigkeit zu monopolisieren. Immigration ist ein Thema, das uns dazu zwingt, uns Gedanken über die moralische Bedeutung von Grenzen zu machen und damit auch über die moralische Bedeutung von Nationen als Gemeinschaften, die auf gegenseitiger Abhängigkeit und Verantwortung beruhen.

Mein Eindruck ist, dass die Zukunft der linken Politik davon abhängen wird, substantiellere Antworten auf Fragen dieser Art zu geben. Ich halte es für falsch, Patriotismus den Rechtsparteien zu überlassen, und denke, sozialdemokratische und progressive Parteien sollten ihre eigenen Vorstellungen von Patriotismus und Zugehörigkeit zum Ausdruck bringen. Wenn zum Beispiel Unternehmen Steueroasen nutzen, statt Steuern in den Ländern zu zahlen, in denen sie ihre Güter verkaufen und ihre Gewinne machen, könnte man da nicht von mangelndem Wirtschaftspatriotismus sprechen? Haben Unternehmen nicht die patriotische Pflicht, Steuern zu zahlen und in dem Land, das ihren Erfolg möglich macht, zum Gemeinwohl beizutragen?

Aber von diesem Beispiel einmal abgesehen: Glauben Sie nicht auch, dass die Parteien auf der Linken sich in den vergangenen Jahrzehnten schwergetan haben, eine Ethik der Teilhabe, Zugehörigkeit, Gemeinschaft und geteilten Identität zu formulieren? Was ist aus der traditionellen Betonung von Solidarität, Bürgerstolz und Verantwortung füreinander geworden? Ein gesunder Bürgerstolz kann eine Alternative zu Xenophobie und Hypernationalismus sein. Und ist er nicht auch notwendig, um den großzügigeren Wohlfahrtsstaat zu unterstützen, der Sozialdemokraten und demokratischen Sozialisten am Herzen liegt?

Thomas Piketty

Zunächst denke ich, dass die Stimmen für Trump oder Le Pen, wenn man sich anschaut, wo genau sie die meisten Stimmen geholt haben, weniger auf Migrantenströme zurückgehen als auf Arbeitsplatzverluste, vor allem durch die Handelskonkurrenz im verarbeitenden Gewerbe. Wenn man den Zustrom von Migranten oder den Anteil von Menschen ausländischer oder außereuropäischer Herkunft in der Bevölkerung zugrundelegt, um zu erklären, wo sehr viele Trump oder Le Pen gewählt haben, kommt dabei wenig heraus.

Michael Sandel

Dennoch ist an manchen Orten mit sehr wenigen Migranten die Aufregung über das Migrationsthema groß. Warum das?

Thomas Piketty

Es ist ja nicht so, dass es kein anderes, beobachtbares Ereignis gäbe, das dafür eine Erklärung bietet. Es gibt ein anderes beobachtbares Ereignis, das vieles erklärt, und das ist die Vernichtung von Arbeitsplätzen. Lassen Sie uns darauf genauer eingehen. Sie fragen mich, weshalb die Linke keine Antwort darauf gefunden hat. Nun, weil sie sich mit dem Thema Handel und Arbeitsplätze nicht auseinandergesetzt hat. Diskurse über Identität oder Migranten sind nicht das Feld, auf dem sie den Kampf mit der nationalistischen Rechten für sich entscheiden kann, weil Letztere an dieser Front immer überzeugender sein wird. Entscheidend ist, denke ich, das anzugehen, was für die Wähler wirklich das Kernproblem ist. In den USA ist in den Countys, in denen Trump die meisten Stimmen geholt hat, eindeutig die Arbeitsplatzvernichtung im verarbeitenden Gewerbe der Hauptprädiktor. Migrantenströme aus muslimischen Ländern oder woher auch immer sind es nicht. Das ist schlicht und einfach falsch.

Die gleiche Entwicklung ist in Frankreich zu beobachten. Historisch lebten die Wähler, die für den Front National, für Jean-Marie Le Pen, den Vater von Marine Le Pen, gestimmt haben, eher im städtischen Raum und enger mit Migrantenpopulationen zusammen. Unter diesen Le Pen-Wählern gab es Leute, die anscheinend wütend auf nordafrikanische Migranten waren. Diese Wählergruppe wurde völlig absorbiert, zunächst von Nicolas Sarkozys marktliberaler Rechtspartei LR (Les Républicains). 2022 wählten manche auch Éric Zemmour, einen extrem antimuslimischen Kandidaten, sehr viel antimuslimischer als Marine Le Pen, aber in ökonomischen Fragen entschieden marktliberal. Zemmour bekommt sehr bürgerlich-rassistische, wenn man es so nennen möchte, und sehr urbane Stimmen. Für den Rassemblement National, wie der Front National sich jetzt nennt, bleiben Wähler, wie wir sie in Kleinstädten ohne Migrantenpopulation finden, in denen das Hauptanliegen die Opposition gegen die Integration der europäischen Märkte und den Europäischen Verfassungsvertrag von 2005 war.

Als Sarkozy in Frankreich an der Macht war, war er Sprachrohr der Rechtsliberalen und Fürsprecher des freien Marktes, aber versuchte, bei diesen Wählern zu punkten, indem er sehr stark auf Identität setzte. Das hat er wirklich massiv betrieben. «Wir haben hier diese ganzen jungen Männer und Frauen, vor allem Männer aus Südafrika», sagte er. «Wir müssen die wieder loswerden. Wir werden ihnen die Polizei auf den Hals schicken.» Aber zugleich wollte er im Parlament ohne jede Änderung den Europäischen Verfassungsvertrag von 2005 durchwinken, einen Vertrag, zu dem die Leute in einem Referendum schon «Nein» gesagt hatten. Und diese Wähler entgegneten: «Okay, du meinst, du kriegst uns, wenn du hart gegen Nordafrikaner vorgehst, aber das ist uns im Grunde egal. Unser Hauptproblem ist der Handelswettbewerb. Ob der aus der Türkei, aus China, Algerien oder Mexiko kommt, ist nicht der Punkt. Der Punkt ist, dass wir unsere Arbeitsplätze verlieren».

Außerdem werden die Leute in den Kleinstädten, und das ist wohl ein Problem, das auch in den USA stark ins Gewicht fällt, immer wieder stigmatisiert. Sie werden zum Beispiel dafür gerügt, dass sie ein eigenes Auto haben und in Einfamilienhäusern wohnen. Also müssen sie sich von Großstädtern anhören, sie seien am Klimawandel, an zu hohen CO_2-Emissionen schuld. Von Großstädtern, die danach den nächsten Flieger nach Rom nehmen und deren Emissionen sehr viel höher sind.

Jobverlust, Handel, Wettbewerb, Verkehr, Wohnen – viel mehr als Identitätsfragen sind das die konkreten Probleme, die zu dem Gefühl geführt haben, von den Mitte-rechts- wie Mitte-links-Parteien im Stich gelassen worden zu sein. Wie man sieht, haben Politiker, die durch identitäre Parolen mit der nationalistischen Rechten wetteifern wollten, wie Sarkozy und Zemmour in Frankreich, diese Wähler nicht für sich gewinnen können. Wonach Letztere wirklich verlangen, ist eine andere Organisation der Globalisierung und des Wirtschaftssystems.

Da liegt offenbar, um das zusammenzufassen, das Problem der Linken: Sie haben nicht nur nicht in Frage gestellt, wie die Wirtschaft organisiert ist, sondern haben, wie Sie selbst sehr gut gezeigt haben, diese Organisation wie niemand sonst vorangetrieben. Darin steckt eine Herausforderung, der sich die Linke bis heute nicht wirklich gestellt hat, weil sie im Grunde nur sagt: «Gut, wir brauchen internationale Abkommen, wir brauchen internationale Abkommen, wir brauchen internationale Abkommen.» Und wenn sie die nicht bekommt, was tut sie dann? Sie tut nichts. Deshalb ist das erwähnte unilaterale Handeln so wichtig. Solange die Linke bloß wiederholt: «Wir müssen eine internationale Vereinbarung über internationale Besteuerung und die CO_2-Steuer und alles andere abwarten», gibt sie der Öffentlichkeit nur eines zu verstehen: «Ohne Zustimmung der anderen können wir wirtschaftspolitisch gar nichts tun. Bis darauf, die Grenzen zu kontrollieren, Migranten zurückzuweisen und unsere Identität zu verteidigen». Wenn man das der Öffentlichkeit jahrzehntelang erzählt, wenn man behauptet, das sei das Einzige, was man beeinflussen könne, dann muss man sich nicht wundern, wenn die gesamte politische Diskussion um Grenzkontrollen und Identität kreist. Ich halte das für eine Falle, für etwas, das wir um jeden Preis vermeiden sollten, weil es am Ende zum Sieg der nationalistischen Seite führen wird.

Tatsächlich hat die nationalistische Seite durchaus ihre Argumente. Wenn man sich die politische Diskussion seit der Industriellen Revolution anschaut, lassen sich grob gesagt drei große ideologische Familien ausmachen: Nationalismus, Liberalismus, Sozialismus. Jede dieser Großfamilien hat etwas, das für sie spricht. Der Liberalismus hat einen Beitrag durch sein Beharren auf einer Vielfalt von Sichtweisen und politischen Belangen und durch die Betonung der Marktkräfte geleistet. Der Wettbewerb hat bis zu einem gewissen Maße zum Wohlstand beigetragen, allerdings mit enormen sozialen Kosten, sozialen Schäden und Umweltzerstörungen. Und auf diese vom Liberalismus gezeitigten Herausforderungen gibt es zwei Hauptantworten. Einerseits den Nationalismus, der die ethnisch-nationale Solidarität hervorhebt. Das ist nicht einfach unsinnig. Es kann in manchen Fällen funktionieren. Man kann nicht von heute auf morgen eine Weltregierung haben. Man braucht größere Rücksicht auf lokale Interessen und mehr Solidarität auf der Ebene lokaler Gemeinschaften. Aber durch diese Ideologie lässt sich auch nur eine begrenzte Zahl von Problemen lösen. Und oft genug hat sie nur als Schleier gedient, unter dem sich die Macht traditioneller lokaler Eliten behaupten konnte. Auf der anderen Seite haben wir ganz unterschiedliche Formen des internationalistischen Sozialismus oder demokratischen Sozialismus, die ein anderes, alternatives Wirtschaftssystem aufzubauen versuchen. Das ist nicht leicht, aber tatsächlich war es mit dem Aufstieg der Sozialdemokratie, der Dekommodifizierung, der progressiven Steuer, höchst erfolgreich. Ich behaupte nicht, dass wir für eine funktionierende Demokratie nur eine Säule brauchen. Wir brauchen jede dieser drei Säulen, um stark zu sein. Aber die sozialistische Säule, die auf Umverteilung setzende Linke ist seit dem Fall der Sowjetunion schwach geworden. Wir müssen wieder zu Kräften kommen, wenn wir eine funktionierende Demokratie auf nationaler und transnationaler Ebene wollen.

_____Michael Sandel

Vielleicht gibt es da eine kleine Differenz. Lassen Sie mich versuchen, sie zu beschreiben, und sagen Sie mir, ob Sie das auch so sehen. Ich würde weniger scharf als Sie, Thomas, zwischen Identitätsfragen und Wirtschaftsfragen trennen. Natürlich stimme ich Ihnen zu, dass die Arbeitsplatzverluste aufgrund der Handelspolitiken im Zeitalter der Hyperglobalisierung enorme politische Auswirkungen hatten und den Aufstieg von Figuren wie Trump und Marine Le Pen befördert haben. Dasselbe gilt von den Verwerfungen, die durch entfesselte Kapitalströme und eine finanzialisierte Wirtschaft gezeitigt wurden. Aber es gibt hier zwei Arten von Auswirkungen. Die eine ist unmittelbar ökonomischer Natur: Arbeitsplatzverlust, Lohnstagnation. Die andere hat mit einer Politik der Identität zu tun – nicht in einem auf Grenzpolitiken und Migrationsfragen beschränkten, sondern in einem weiteren Sinne von Identität als expressiver Dimension von Politik. Wir haben von Würde und Anerkennung gesprochen. Und mir scheint, die Menschen, die in den ausgehöhlten Industriestädten lebten, haben nicht allein unter Lohnstagnation gelitten. Sie haben auch unter dem Gefühl gelitten, dass der Rest der Gesellschaft oder die, von denen sie regiert wurden, sich nicht um sie als Mitbürger gekümmert, sie nicht anerkannt, sich nicht für ihre Würde eingesetzt haben.

Thomas Piketty

Und sie sogar als die stigmatisiert haben, die am Klimawandel schuld sind.

Michael Sandel

Ja. Wenn Sie von einem Stigma sprechen, greifen Sie auf die Sprache der Anerkennung, der Identität zurück.

Thomas Piketty

Unbedingt. Am Ende wird es zu einer Frage der Identität. Ich stimme dem zu.

______Michael Sandel

Okay. Ich würde diese Idee des Stigmas, der auf andere herabblickenden Eliten, gerne mit einer Politik der Identität verknüpfen, die ich als Teil einer Politik der Anerkennung und Zugehörigkeit verstehe. Wenn wir es nicht nur bei einer retrospektiven Diagnose belassen, sondern uns im Blick auf die Zukunft der Linken fragen, was zu den Bedingungen einer sozialdemokratischen Politik zählt, dann scheint mir, dass wir die Politik der Anerkennung nicht vergessen dürfen. Das ist eine Art Identitätspolitik, obwohl nicht die gleiche …

Thomas Piketty______________________________

Nein, es ist nicht die gleiche.

______Michael Sandel

Aber wir müssen sie miteinander verknüpfen, und dazu müssen wir Klagen und Kränkungen anerkennen und beim Namen nennen.

Thomas Piketty______________________________

Dennoch sind beide nicht gleich.

______Michael Sandel

Aber sie gehören in das gleiche Gebiet. Es geht

nicht bloß um einen rein ökonomischen Sachverhalt wie einen Jobverlust.

Thomas Piketty

Es gibt keine rein ökonomischen Sachverhalte. Sie sind stets mehrdimensional. Worüber wir sprechen, ist ein Gefüge von Ansprüchen. Wir hatten das Beispiel, dass man stigmatisiert wird, weil man ein eigenes Auto besitzt. Und ja, letztlich wird daraus eine Identität, aber dabei geht es um eine ganz andere Form von Identität als diejenige, die auf ethnische Herkunft, Religionszugehörigkeit, Hautfarbe pocht.

Michael Sandel

Das stimmt.

Thomas Piketty

Ja, und die Linke muss diese Art der Identität ansprechen und auf sie eingehen. Die Kritik von Trump und Le Pen, die politisch funktioniert, vielleicht insbesondere in den USA, ist ein Anti-Elitarismus. In den 1980ern, 1970ern, 1960ern hat die Wirtschaftselite, hat die Bildungselite, haben alle Eliten republikanisch gewählt. Die Demokratische Partei konnte bei den Eliten kaum punkten. Wenn man sich heute die Daten anschaut, sieht es anders aus – ich nutze für die USA die gleiche Art von Daten, die wir in unserem jüngst erschienenen Buch über die französischen Wahlen verwendet haben. Auf lokaler Ebene haben früher die Nobelviertel, die reichsten Wohngegenden republikanisch gewählt. Das hat sich geändert. Begonnen hat all das lange vor Trump, aber es hat ihm auf gewisse Weise den Boden bereitet. Die wohlhabendsten Viertel wählen heute demokratisch, und genau das hat die Trumpschen Republikaner möglich gemacht. Aber es hätte sich auch jemand ganz anderes als Trump hinstellen und sagen können: «Schaut sie euch an, diese Leute behaupten für Gleichheit zu sein, aber das sind alles Lügner. In Wahrheit verteidigen sie nur ihre Privilegien.» Sie sehen ja, wo sie sitzen. Ja, in Harvard, aber auch in den schicksten Wohngegenden des Landes.

Ich möchte, dass die Demokraten in den reichsten Vierteln ihre Wähler verlieren. Solange sie in diesen Vierteln auf eine große Mehrheit der Stimmen kommen, kann mit dem, was sie vorschlagen, etwas nicht stimmen, und solange werden sie auch die Stimmen in den ärmeren Vierteln nicht bekommen. Sie werden von der anderen Seite immer als elitär verschrien werden. Aber um die Nicht-Eliten anzusprechen, ist es der falsche Weg, mit den Republikanern in einen Wettstreit um

Identität im Sinne der Furcht vor Migranten einzutreten.

______Michael Sandel

Nein, in diesem Sinne sicher nicht. Was Sie sagen, erinnert mich an etwas, das ich diesen Winter erlebt habe. Ich habe mit meiner Familie den Urlaub in Florida verbracht und ich bin in unserer Unterkunft in den Aufzug gestiegen. Eine ältere Frau im Aufzug fragte mich: «Woher kommen Sie?» und ich sagte «Boston». Das war alles, was ich sagte. «Ich bin aus Iowa», entgegnete sie (das ist ein Bundesstaat im Zentrum der USA, in einer bäuerlichen Gegend im Mittelwesten). Und dann sagte sie: «Wir in Iowa können auch lesen». Ich wusste nicht, was ich antworten sollte. Ich hatte nicht gesagt, dass ich an der Harvard Universität bin. Alles, was ich gesagt hatte, war Boston. Und als sie aus dem Aufzug stieg, sagte sie: «Wir mögen die Leute von der Küste nicht besonders». Das ist in gewisser Weise Identitätspolitik. Es geht nicht um Immigration, es geht um das Gefühl, das andere auf einen herabsehen. Es geht um Anerkennung. Es geht um Würde.

Wir haben in unserem Gespräch drei Aspekte der Gleichheit diskutiert. Einer ist ökonomischer Natur und betrifft die Verteilung von Einkommen und Vermögen. Ein zweiter ist politischer Natur, da geht es um Mitsprache, Macht und Partizipation. Dann gibt es diese dritte Kategorie, bei der es um «Würde», «Status», «Respekt», «Anerkennung», «Ehre» und «Wertschätzung» geht. Meine Vermutung ist, dass diese dritte Dimension politisch und vielleicht auch moralisch die größte Kraft ist. Und dass alle Hoffnung darauf, in den ersten beiden Dimensionen, der ökonomischen und der politischen, Ungleichheit abzubauen, sich daran knüpft, dass wir Bedingungen für größere Gleichheit der Anerkennung und Auszeichnung, der Würde und des Respekts schaffen. Es ist nur eine Vermutung. Ich kann sie nicht beweisen. Was denken Sie?

Thomas Piketty

Das leuchtet mir sehr ein. Und ich denke, in die gleiche Richtung weist, um auf ein Thema zurückzukommen, das wir gestreift haben, die von Bernie Sanders und Elizabeth Warren vertretene demokratisch-sozialistische Agenda, die hoffentlich in Zukunft von jüngeren und vielleicht weniger weißen Kandidaten vorangetrieben wird. Dies ist auch einer der Gründe für den Erfolg dieser Agenda, insbesondere unter jüngeren Wählern – ich spiele darauf an, dass bei Leuten unter fünfzig Bernie Sanders und Elizabeth Warren weit vor Biden lagen. Ich glaube, die Demokratische Partei muss in dieser Richtung weitergehen, wenn sie es schaffen will, nicht nur Boston und San Francisco, sondern einem größeren Teil des Landes die Hoffnung zurückzugeben. Ähnliche Schlussfolgerungen muss man auch für Europa und anderswo ziehen.

______Michael Sandel

Um unser Gespräch zu beschließen, habe ich einen Passus aus Jean-Jacques Rousseaus *Abhandlung über den Ursprung und die Grundlagen der Ungleichheit unter den Menschen* mitgebracht.* Er passt zu einem Thema, das sich durch unser Gespräch hindurchzieht, Thomas, weil Rousseau zunächst die Ursprünge der Ungleichheit in der Erfindung des Eigentums auszumachen scheint. Aber dann erklärt er, selbst diese Erfindung sei nur möglich geworden aufgrund eines Einstellungswechsels, der die Art betrifft, wie wir einander wahrnehmen und beurteilen. Ich möchte Ihnen den Passus vorlesen und sehen, ob Sie ihn auch so deuten würden. Zunächst also die Geburt der Ungleichheit aus dem Eigentum: «Der Erste, der ein Stück Land einge-

* Jean-Jacques Rousseau, *Discours sur l'origine et les fondements de l'inégalité parmi les hommes (1754)*. Hier aus dem Französischen von Stefan Lorenzer.

hegt hatte und auf den Gedanken kam zu sagen ‹Dies ist mein› und auf Leute traf, die einfältig genug waren, es ihm zu glauben, war der wahre Gründer der bürgerlichen Gesellschaft». Und Rousseau fährt fort: «Welche Verbrechen, welche Kriege, welches Leid und welche Schrecken wären der Menschheit nicht erspart geblieben, hätte einer die Pfähle herausgerissen oder den Graben zugeschüttet und seinen Mitmenschen zugerufen: ‹Hütet euch, auf diesen Betrüger zu hören! Ihr seid verloren, wenn ihr vergesst, dass die Früchte allen gehören und die Erde niemandem›.»

Das ist an sich schon ziemlich stark. Aber dann fügt er Folgendes hinzu: Diese «Idee des Eigentums setzt eine Reihe vorhergehender Ideen» und «geistiger Fortschritte voraus» (ein Ausdruck, den Rousseau ironisch gebraucht, bringt doch für ihn der zivilisatorische Fortschritt eine Art Verderben über die Menschen). Rousseau erträumt sich einen Urzustand der Menschheit, in dem die Menschen noch nicht reflexiv sich selbst mit anderen verglichen hatten. Aber mit der Zeit begannen sie, sich vor den Hütten oder um einen großen Baum zu versammeln, um zu singen und zu tanzen:

»Jeder begann, die andern zu betrachten, und wollte selbst betrachtet werden, und die öffentliche Wertschätzung hatte ihren Preis. Wer am besten tanzte oder sang, der Schönste, der Stärkste, der Gewandteste, der Beredsamste wurde am meisten geschätzt.«

Dieser Wettstreit um Beachtung und Anerkennung, sagt Rousseau, «war der erste Schritt zur Ungleichheit». Glauben Sie, er hatte recht?

Thomas Piketty

Wir bräuchten mehr Zeit, um über Rousseaus Text zu sprechen, aber ich denke, beide Teile seiner These über den Ursprung der Ungleichheit sind wichtig. Der zweite lässt sich auch mit dem verbinden, was Sie zu Leistung und Verdienst gesagt haben. Die Ursprünge der Ungleichheit und die Probleme, die wir angehen müssen, sind komplex und gehen auf beides zurück, auf die Ungleichheit des Eigentums und die Ungleichheit des Talents, dem die Menschen dann eine moralische Bedeutung geben wollen, um die Gewinner zu rechtfertigen und die Verlierer zu stigmatisieren. All das ist wichtig, und all das steckt in der Tat schon in Rousseaus Text.

Eines macht Rousseau aber, denke ich, sehr deutlich: Das Problem ist weniger die erste Einzäunung, das erste Stück Privateigentum, als vielmehr die grenzenlose Anhäufung von Eigentum. Das ist bei Rousseau sehr klar, und das ist auch die Auffassung, die ich zu entfalten versuche. Das Problem sind nicht Leute, die ein Haus oder ein eigenes Auto besitzen, das Problem ist die unfassbare Eigentumskonzentration in den Händen einiger weniger, die zu einer Machtkonzentration führt.

Die einen haben große Macht und die anderen verlieren die Kontrolle. Bei Wohlstand und Eigentum geht es also nicht bloß um Geld. Es geht um Verhandlungsmacht gegenüber anderen und um die Kontrolle über das eigene Leben. Wer nichts oder nur Schulden hat – auch das ist etwas, das Bernie Sanders durch Abschaffung der Studienkredite bekämpfen wollte –, der muss alle Arbeitsbedingungen und jeden Lohn akzeptieren, wenn er seine Miete bezahlen will. Wenn Sie Familie haben, müssen Sie zahlungsfähig sein. Wenn Sie 100 000, 200 000, 300 000 Dollar haben, ist das zwar aus der Perspektive eines Milliardärs so gut wie nichts. Für ihn machen solche Summen keinen Unterschied. Aber tatsächlich machen sie den sehr großen Unterschied, dass Sie Pläne schmieden können. Sie können sich ein Haus oder eine Wohnung kaufen, vielleicht nicht gerade in New York oder Paris, aber in vielen Gegenden können Sie damit ein Haus kaufen. Sie können ein kleines Unternehmen gründen. Sie können anfangen, ein bisschen wählerischer bei den Jobs zu sein, die man Ihnen anbietet, was Arbeitgeber und Eigentümer gar nicht gerne sehen. Aber vielleicht ist wählerisch zu sein etwas, das wir haben wollen. Es geht also eher um Macht, um Verhandlungsmacht. Und darum ist das Problem, da stimme ich mit Rousseau überein, die grenzenlose Anhäufung von Eigentum.

______Michael Sandel

Thomas, wir haben zu erkunden versucht, was Gleichheit bedeutet und warum sie wichtig ist. Wir haben dabei ein weites Feld abgesteckt, das von Einkommen und Vermögen über Macht und Mitsprache bis zu Würde und Anerkennung reicht, und wie Rousseau haben wir festgestellt, dass uns das Nachdenken über die Bedeutung von Gleichheit auf einen Streifzug durch Philosophie, Ökonomie und politische Theorie geführt hat. Ich hoffe, dieses Gespräch ist hier nicht zu Ende. Danke, Thomas.

Thomas Piketty______________________________

Danke, Michael.

Thomas Piketty bei C.H.Beck

Das Kapital im 21. Jahrhundert

Aus dem Französischen von Ilse Utz und Stefan Lorenzer
4. Auflage. 2020. 816 Seiten mit 97 Grafiken und 18 Tabellen. Broschiert
Beck Paperback Band 6236

Kapital und Ideologie

Aus dem Französischen von André Hansen, Enrico Heinemann, Stefan Lorenzer, Ursel Schäfer und Nastasja S. Dresler
2022. 1316 Seiten mit 158 Grafiken und 11 Tabellen. Broschiert
Beck Paperback Band 6463

Eine kurze Geschichte der Gleichheit

Aus dem Französischen von Stefan Lorenzer
2. Auflage. 2024. 264 Seiten mit 41 Grafiken und 3 Tabellen. Broschiert
Beck Paperback Band 6521

Der Sozialismus der Zukunft

Interventionen

Aus dem Französischen übersetzt von André Hansen
4. Auflage. 2023. 232 Seiten mit 36 Grafiken und 8 Tabellen. Klappenbroschur
Beck Paperback Band 6042

Rassismus messen, Diskriminierung bekämpfen

Aus dem Französischen von Stefan Lorenzer
2022. 76 Seiten. Klappenbroschur
Beck Paperback Band 6475

Ökonomie der Ungleichheit

Eine Einführung

Aus dem Französischen übersetzt von Stefan Lorenzer
4. Auflage. 2021. 144 Seiten mit 9 Tabellen und 2 Grafiken. Broschiert
Beck Paperback Band 2864